U0104848

古典文獻研究輯刊

三八編

潘美月・杜潔祥 主編

第20冊

年羹堯滿漢奏摺全輯
——平定青海羅卜藏丹津之亂史料之一（下）

蔡 宗 虎 輯註

國家圖書館出版品預行編目資料

年羹堯滿漢奏摺全輯——平定青海羅卜藏丹津之亂史料之一
（下）／蔡宗虎 輯註 -- 初版 -- 新北市：花木蘭文化事業有限
公司，2024〔民113〕
目 8+170 面；19×26 公分
（古典文獻研究輯刊 三八編；第 20 冊）
ISBN 978-626-344-723-3（精裝）
1.CST：史料 2.CST：清代 3.CST：青海
011.08   112022590

ISBN-978-626-344-723-3

古典文獻研究輯刊
三八編　第二十冊　　　　　　　ISBN：978-626-344-723-3

年羹堯滿漢奏摺全輯
——平定青海羅卜藏丹津之亂史料之一（下）

作　　者　蔡宗虎（輯註）
主　　編　潘美月、杜潔祥
總 編 輯　杜潔祥
副總編輯　楊嘉樂
編輯主任　許郁翎
編　　輯　潘玟靜、蔡正宣　美術編輯　陳逸婷
出　　版　花木蘭文化事業有限公司
發 行 人　高小娟
聯絡地址　235 新北市中和區中安街七二號十三樓
　　　　　電話：02-2923-1455／傳真：02-2923-1400
網　　址　http://www.huamulan.tw 信箱 service@huamulans.com
印　　刷　普羅文化出版廣告事業
初　　版　2024 年 3 月
定　　價　三八編 60 冊（精裝）新台幣 156,000 元　版權所有‧請勿翻印

年羹堯滿漢奏摺全輯
——平定青海羅卜藏丹津之亂史料之一（下）

蔡宗虎 輯註

目次

下　冊

〔131〕川陝總督年羹堯奏報劫拿阿布濟車臣台吉等情形摺（雍正二年四月初八日）[3]-1369

撫遠大將軍太保公川陝總督臣年羹堯謹奏，為奏聞事。

據奮威將軍岳鍾琪來報，一等侍衛達鼎報稱，我於三月初七日抵達庫庫庫圖勒，聞之額爾德尼台吉藏巴札布之弟阿布濟車臣台吉〔註382〕匿居於托蘇池〔註383〕東南布哈色布蘇處，我等即率兵連夜趕行，十一日抵達布哈色布蘇附近，我同副將紀成斌分兵兩路圍堵阿布濟車臣台吉牧場，即劫拿之，再近伊居處之喀爾喀札薩克台吉佟莫克之叔沙爾都台吉懼，亦來投順，故此我等將阿布濟車臣台吉執之，率沙爾都台吉共同返回等因來報，為此謹奏以聞。

雍正二年四月初八日

硃批：如此可嘉，即豬圈內抓豬亦非如此易，實爾等誠心誠意，感動天神仁慈所致，否則斷不能如此，朕惟嘉爾等內心喜悅外，惟降旨令爾等各自歡忭。

〔132〕川陝總督年羹堯奏報遣兵回西安察哈爾摺（雍正二年四月初八日）[3]-1370

撫遠大將軍太保公川陝總督臣年羹堯謹奏，為奏聞事。

因去年有青海之事，故臣調西安滿洲兵五百，又自柴達木留察哈爾兵一百，今青海之事既然皆定，令西安滿洲兵自四月初二日陸續編隊遣返西安，令察哈爾兵於本月初八日自西寧啟程，出衡城邊遣返察哈爾，為此謹奏以聞。

雍正二年四月初八日

硃批：甚有理，已飭部記之。

〔133〕川陝總督年羹堯奏報攻剿莊浪等地摺（雍正二年四月初八日）[3]-1371

撫遠大將軍太保公川陝總督臣年羹堯謹奏，為奏聞事。

竊查去年大軍抵至西寧以來西寧附近所有番賊應降者，從與不從均已平之，惟莊浪涼州西山內之番賊伊等倚山險林密，暴戾之人亦多，雖數次征服剿殺，當時降服且後又有變，仍乘隙截路行亂，若不清除伊等斷然不可，惟賊匪駐處山險林密，我等大軍原不慣行，若無四川蠻兵即難以清除伊等，故此除奮

〔註382〕顧實汗圖魯拜琥第六子多爾濟之孫，父畢嚕咱納，《蒙古世系》表三十七失載，《松巴佛教史》頁五五三表十作阿布吉齊欽台吉。

〔註383〕今青海省德令哈市托素湖。

威將軍岳鍾琪所率一千五百兵外，臣又調瓦司、金川蠻兵八百，所調之蠻兵於四月初六日均抵達西寧，今經整休乘機即滅番賊，俟事竣後另奏聞外，嗣後調來之蠻兵亦照例獲口糧塩菜銀，既然有關錢糧之事，伏乞聖主諭部在案，為此謹具奏聞。

雍正二年四月初八日

硃批：已飭部註冊。

〔134〕川陝總督年羹堯奏請仍任用受參遊擊摺（雍正二年四月十五日）[3]-1386

撫遠大將軍太保公川陝總督臣年羹堯謹奏，為請旨事。

竊臣先參原四川提督下遊擊申立孝〔註384〕革職擬罪，逢恩詔宥罪，臣抵至西寧將申立孝攜至汛地效力以來，伊知身帶罪若不盡能效力斷然不能恕罪，凡戰陣均衝鋒效力，臣思之，汛地效力乃為臣之品行，宥罪效力乃聖主之恩，故此將四川革職遊擊胡浩〔註385〕、申立孝二人均攜至西寧汛地效力，胡浩係革職未擬罪之人，臣視其效力即先具奏，補放守備，申立孝原為擬罪之人，即不可補官，此次軍事申立孝既然又超眾效力，西寧總兵官所屬參革之威遠堡守備范如青之缺，欲調補西寧總兵官下北營守備盧揚槐，盧揚槐之缺伏祈聖主補放申立孝，故此申立孝益知圖効，況諸凡戴罪者均可各知悔過圖新，為此謹奏請旨。

雍正二年四月十五日

硃批：依奏諭部。

〔135〕川陝總督年羹堯奏報撤回駐松潘揚威之滿洲兵丁摺（雍正二年四月十五日）[3]-1387

撫遠大將軍太保公川陝總督臣年羹堯謹奏，為奏聞事。

因去年有青海事，命副都統黑色〔註386〕率四川滿洲兵駐松潘揚威，今青海既已定，松潘若有綠旗兵足以揚威，故此臣命副都統黑色率駐松潘之四川滿洲兵均撤回，故於四月初八日咨飭辦理四川軍務之護軍統領訥親〔註387〕、

〔註384〕《四川通志》卷三十二頁十四作提督標營左營遊擊沈力學。
〔註385〕《四川通志》卷三十二頁三十九作疊溪營遊擊胡灝。
〔註386〕《欽定八旗通志》卷三百二十三作成都副都統赫塞。
〔註387〕《欽定八旗通志》卷三百十八內大臣年表雍正三年作護軍統領那親，六月革。

侍郎塞爾圖〔註388〕、巡撫蔡斑，為此謹奏以聞。

　　雍正二年四月十五日

　　硃批：已飭部記之。

〔136〕川陝總督年羹堯奏請補放夔州副將摺（雍正二年四月十八日）[3]-1392

　　太保公川陝總督臣年羹堯謹奏，為遵旨請補副將事。

　　雍正二年四月十二日兵部咨稱，三月十六日奉硃批，董玉祥〔註389〕之缺命宋可進補，夔州副將之缺年羹堯會岳鍾琪保奏一人，欽此欽遵，咨行等因，故此臣與四川提督公岳鍾琪會商，夔州地方雖與湖廣相交，但均屬內地，甚是太平，易練兵防守，暫遣官署理亦可無事，陝西和州〔註390〕副將所轄地方與青海交界，且於防守處駐番子等甚多，因此若無熟悉邊界事務具備德才之官員不能勝此任，和州副將陳君〔註391〕往巴里坤汛地甚久，若陸續遣官署理此印營務之事難以得人，雍正元年四月臣遣西寧總兵官屬下左營遊擊岳朝龍〔註392〕署理以來文武官員彼此和睦，兵民甚安，和州附近番子無不懼降，再此俸祿亦久，實符地方官員，伏祈聖主將陳君之官品晉陞一級調補夔州副將，陳君之缺由岳朝龍晉補和州副將，如此於邊界地方甚有益，補放岳朝龍應否之處恩自主出，為此謹奏請旨。

　　雍正二年四月十八日

　　硃批：陳君晉陞一級調夔州副將，岳朝龍補和州副將，該部知道。

〔137〕川陝總督年羹堯奏報達賴喇嘛遣使至西寧情形摺（雍正二年四月十八日）[3]-1393

　　撫遠大將軍太保公川陝總督臣年羹堯謹奏，為奏聞事。

　　准今年四月十五日達賴喇嘛遣使都喇勒台吉，達賴喇嘛送臣之佛尊吉祥結舍利靈丹及唐古特文書一件攜至西寧，都喇勒台吉又於去年將達賴喇嘛、

〔註388〕《清代職官年表》部院滿侍郎年表作吏部滿左侍郎色爾圖，康熙五十八年為撫遠大將軍胤禛參革，此處應作原侍郎色爾圖。

〔註389〕董玉祥時任贛州總兵。

〔註390〕和州為河州之誤，即今甘肅省臨夏州。

〔註391〕《甘肅通志》卷二十九頁二十八河州副將岳超龍前為董玉祥，無陳君之名。《甘肅通志》卷二十九頁三十五有固原提標中營參將陳俊，康熙五十三年任，應即此人。

〔註392〕《甘肅通志》卷二十九頁二十八作河州協副將岳超龍。

班禪送臣我之禮物佛尊舍利靈丹具文告稱，去年達賴喇嘛、班禪以噶爾丹錫勒圖〔註393〕為使，攜禮物等項遣送內地，抵至木魯烏蘇聞羅卜藏丹津等叛亂，侵掠戴青和碩齊〔註394〕等，未來而返回，我今年來時均攜至來等語。將達賴喇嘛二次行文、班禪行文，翻譯觀之，均具奏羅卜藏丹津等肆意行惡，祈轉奏君主寬恕伊等，愛惜生靈之語。故此臣咨覆達賴喇嘛、班禪，羅卜藏丹津盡絕眾生，毀壞黃教，挑起戰端，侵犯邊界，肆意行惡，聖主軫念黃教眾生，以伊等為顧實汗後裔不忍剿殺，屢次寬恕降旨，由我處開導利害，停止戰端，故於去年十月我親往西寧，至今年二月數次行文曉諭，羅卜藏丹津等人並不曉君主好生仁愛之懷，仍相互侵掠，滅絕眾生，戰端不停，方遣大軍將青海為首之重犯均平定，今除咨稱展拓黃教，顧實汗後裔眾無罪者永享太平安生等語遣之外，著遣使都喇勒台吉等於西寧歇息數日即啟程返回，為此謹奏以聞。

雍正二年四月十八日

硃批：喇嘛和尚道士就是此一種婦人之仁，不論是非，回字回得甚好，但西藏備萬餘兵拒捕羅卜藏丹津，今又替他討饒恕，朕略不解，依你看來他們是什麼主意，來人光景如何，丹津若逃往藏他們如何區處，可將乞寬來字翻譯的閒帶來看看。〔註395〕

〔138〕奏請賞給堅巴爾印信敕書摺（雍正二年四月十八日） [4]-《滿》-121

撫遠大將軍太保公川陝總督臣年羹堯謹奏，為請旨事。

查得康熙五十九年大軍進西藏時，里葉烏齊〔註396〕地方之陳勒胡土克圖

〔註393〕噶爾丹錫勒圖今常寫作甘丹池巴，即繼承宗喀巴甘丹寺法座者，據《東噶藏學大辭典歷史人物類》頁一五二載，雍正二年為第五十一任噶爾丹錫勒圖班丹扎巴。《西藏通史松石寶串》頁七三〇載，七世達賴喇嘛遣甘丹赤仁布欽貝丹扎巴，知賓洛桑貢卻前往青海勸解羅卜藏丹津之亂，可知七世達賴喇嘛甚為重視此次遣使。

〔註394〕《蒙古世係》表三十九作察罕丹津，顧實汗圖魯拜琥第五子伊勒都齊之孫，父博碩克濟農。《欽定西域同文志》卷十七頁五作戴青和碩齊察罕丹津，戴青和碩齊為其號，察罕丹津為其名，史籍有以名稱者，有以號稱者，或號與名全稱者，實為一人。

〔註395〕據《年羹堯滿漢奏摺譯編》滿文第一二二號文檔，此滿文奏摺之硃批為漢文，其中「喇嘛」作「刺嘛」，「丹津」作「丹盡」。

〔註396〕通常作類烏齊，清時期此地為類烏齊呼圖克圖統治，統屬於達賴喇嘛與駐藏大臣，今西藏類烏齊縣類烏齊鎮。

阿旺扎布，加舒班噶爾地方之班噶爾納木加林廟喇嘛羅卜藏堅巴爾，對我們所
交付一切事務，誠心辦理，官書未曾耽擱，臣我雍正元年去京城，具奏祈請賞
給這些人印信敕書，宣諭愈加篤誠効力，聖主施恩准行，其時因僅知陳勒胡土
克圖阿旺扎布之名、住地、廟名，即派人送去印信敕書，因不知加舒班噶爾之
喇嘛羅卜藏堅巴爾之名、住地、廟名，因此行文命管理打箭爐稅務之喇嘛粗勒
齊瑪藏布〔註397〕，查此名、住地，今喇嘛羅卜藏堅巴爾呈文曰，我住地名加
舒班噶爾，廟名班噶爾納木加林，先前大軍進西藏時，交我一切事務，皆盡力
辦理，並無耽擱之處，主子賞給我印信、敕書後，我收管此處人，執行官差時
皆可容易等語。臣我見此查詢，立即寫明其名、住地、廟名送來，祈請聖上上
諭該部，賞給喇嘛堅巴爾印信、敕書送去，如此，這些人感激聖恩，愈發恭謹
出力，以圖立功，為此謹奏請旨。

　　雍正二年四月十八日

　　硃批：已交該部，降旨補放岳超龍為河州副將。

〔139〕川陝總督年羹堯奏參違法遊擊並區處摺（雍正二年四月二十四日）[3]-1408

　　撫遠大將軍太保公川陝總督臣年羹堯謹奏，為特參違法遊擊事。

　　聖主委臣為撫遠大將軍，特以軍務為重，諸凡調轉之事為使統一，即為提
督總兵等官無不同心圖報所委之事，故臣在上，仰仗天威，在下則賴眾力所助
方平定青海之事，先和州〔註398〕邊外鐵布、本巴之賊番等搶掠四川驛站馬匹，
殘害駐驛站軍士，倚地主險固不降，中途行劫，故臣命羍昌營遊擊楊昌〔註399〕
率土司楊汝松之兵二千，同署理和州副將事務之遊擊岳朝龍與四川兵相會乘
機征服，楊昌不從我之所委，一兵未帶隻身出邊，且於四月初三日值四川陝西
綠旗兵土司兵征伐賊番之際，未待事竣即棄之返歸，倘每人均仿此行，臣如何
調轉官兵，此種隨意進退，貽誤軍機之員理應遵敕命即依法懲處，惟軍務大事
均結，臣寬恕楊昌斬罪，綁縛杖四十示眾外，伏乞聖主諭該部，將楊昌革職，
為此謹參奏請旨。

〔註397〕《大清一統志》（嘉慶）卷五百四十七載，康熙五十六年遣喇嘛楚兒沁藏布蘭
　　　　木占巴、理藩院主事勝住等繪畫西海西藏輿圖。《平定準噶爾方略》卷八頁十
　　　　六作喇嘛楚兒沁藏布喇木占巴。此喇嘛與主事勝住於西藏地理考察及地圖測
　　　　繪史上為重要之人物。
〔註398〕和州為河州之誤，即今甘肅省臨夏州。
〔註399〕《甘肅通志》卷二十九頁七十一作羍昌營遊擊楊長。

雍正二年四月二十四日

硃批：甚應該，尚應軍法處治，已諭部。

〔140〕川陝總督年羹堯奏報在甘州之鄂爾多斯土默特兵遣返原處摺（雍正二年四月二十四日）[3]-1409

撫遠大將軍太保公川陝總督臣年羹堯謹奏，為奏聞事。

因前有青海事共調鄂爾多斯、土默特兵一千駐紮甘州，今青海事均已平定，於今年三月將自甘州驅駝前來西寧之三百鄂爾多斯兵臣經西寧遣返之處奏聞外，甘州仍有之鄂爾多斯兵二百土默特兵五百出甘州北寨口各遣原處等情，咨飭平逆將軍貝勒延信，今貝勒延信來報，留甘州之鄂爾多斯、土默特兵均於四月十五日自甘州啟程，出山丹口遣回等語，為此謹奏以聞。

雍正二年四月二十四日

硃批：知道了，甚好，西地事如此成功乃夢中亦未料想，若知此何必如此多餘辦理，此次事對爾援辦均稍過分〔註400〕，每念及此，不盡喜悅。

〔141〕川陝總督年羹堯奏報剿除川陝大路各寨番賊情形摺（雍正二年四月二十四日）[3]-1410

撫遠大將軍太保公川陝總督臣年羹堯謹奏，為奏明事。

查得自松潘來至西寧之路，務經河州外鐵布、薩魯、崇魯、左魯及勒瓦諸番寨，此等均青海所屬之部，本以劫掠為生，雍正元年十一月四川兵士出邊向西寧來時，四川巡撫蔡珽捐馬出兵駐紮驛站，有賊番搶馬殘殺兵丁之事，彼時青海事尚未平定故臣暫未動，惟四川陝西大路中途不准賊番肆意胡行，故即咨行署理河州副將事務西寧總兵官屬下遊擊岳朝龍，會同四川衛茂營〔註401〕參將張元佐〔註402〕等，各率綠旗兵土司兵約期征討等情。今岳朝龍等來報，我等出兵分守關口，於三月二十八日兵至薩魯，上薩魯番子頭目來營請降，情願率兵贖罪効力，二十九日晨攻克夏薩、勒瓦、魯嘉等三寨，往攻魯木治寨，抵達之後五百餘賊番佔據險要處向我兵對戰，我等分兵遣之，斬二百一十餘人，獲伊等男丁婦孺及馬牛羊，放火焚毀魯木治等三寨，四月初一日攻克崇魯之番

〔註400〕「此次事對爾援辦均稍過分」此句《年羹堯滿漢奏摺譯編》滿文第一二四號文檔譯作「此次事務，爾協辦皆過之」。

〔註401〕「衛茂營」應為「威茂營」之異譯。

〔註402〕《四川通志》卷三十二頁三十六作威茂營參將張元佐。

子，上薩魯番子頭目告稱，崇魯七寨〔註403〕均在高山上，因賊番甚兇惡，即分兵包圍三面，一連毀崇魯七寨，斬六百十餘賊，獲男丁婦孺馬牛羊，初二日率兵搜山又斬三百十餘人，獲男丁婦孺馬牛羊，初三日攻克擦竹岡等十四寨，諸寨番子千餘人迎戰，我等官兵奮勇施放槍炮斬三百餘人，毀滅十四寨，諸寨男女老幼跪請，均免斬歸降，初四日攻克祖魯生納等八寨，斬四十餘人焚毀八寨房屋。此夜往察南路遣派之番子返回報稱，山高路又窄，眾番子等執大棒圍堵山口，因橋均毀之，我等即遣人架橋，奪路乘夜緊急率兵進攻，初五日抵達勒瓦，賊番集七八百人迎戰，官兵亦放鳥槍斬二百二十餘人，擊敗賊番敗逃山後險岸後，當夜即焚毀勒瓦、治隆等四寨，初六日綠旗土司兵直倚險岸又斬四百餘人，次日率伊等男婦來營歸降，初七日我等集勒瓦等十二寨番子，宣諭聖主威德，禁止似前肆意盜掠，各駐原處，初八日班兵，十一日抵至本巴內，尼麥祖二寨番子先降，將敦福舍二寨亦攻毀，共攻毀村寨四十一座歸降村寨二十七座，斬殺賊番二千一百餘人，獲男丁婦孺一百七十八口馬二十四匹牛一百四十六頭羊四百四十五隻，將馬牛羊均賞綠旗土司官兵，俘獲之人歸降者所識者均予退還，不識者三十二口亦賞賜官兵，此次征服番子陝西兵二人受傷四川兵四人受傷土司兵六人陣亡三十八人受傷等因來報。臣查得鐵布等七十八寨番子等駐於川陝交界處，大軍方過賊番等即出盜驛站馬匹，殘害兵士，故斷然不可寬恕，然而自河州至西寧大路均被賊番堵截，並不能暢通，倘不趁此軍威辦定，後日必勾結蒙古人等致再生事端，故此臣與奮威將軍四川提督岳鍾琪商議調兵剿服此等賊番，此次効力之官兵，負傷陣亡兵士姓名岳朝龍等造清冊送至後臣再送部外，為此謹奏明。

　　雍正二年四月二十四日

　　硃批：此等事件如此料理去，方知西邊之利害，此番上天神明之大恩賜佑也，朕不勝慶喜，已諭部存案矣。

〔142〕川陝總督年羹堯奏報總兵官率兵由布隆吉爾返回大同日期摺（雍正二年四月二十四日）[3]-1411

　　撫遠大將軍太保公川陝總督臣年羹堯謹奏，為奏聞事。

　　臣以為既青海事已定，將調來之鄂爾多斯土默特兵均各遣回原處外，查總兵官馬迪伯〔註404〕率來之大同一千綠旗兵亦備布隆吉爾事留駐山丹，惟布隆

〔註403〕原文作「塞」，今改為「寨」。
〔註404〕《山西通志》卷四十八頁二作大同總兵馬覿伯。

吉爾處孫繼宗原率駐兵一千，自巴里坤調來兵二千，副將軍阿喇衲率來兵二千，副將劉紹宗率往兵一千，且總兵官李耀自巴里坤率來一千兵，亦備布隆吉爾事駐扎甘州，此間布隆吉爾若有調轉事此七千兵盡可足用，頃由副將軍阿喇衲處來報，復稱青海事均已平定，布隆吉爾無甚大事，即有行走之處在我處有六千兵亦已足用等情，且甘州周圍難購得草豆，故此臣咨飭總兵官馬迪伯，將爾所率來之一千兵經西安率往大同，將啟程日期報我，俟馬迪伯之兵啟程日期報臣後再報部，為此謹奏以聞。

雍正二年四月二十四日

硃批：甚有道理，已交部。

〔143〕川陝總督年羹堯奏轉議政前鋒統領蘇丹等謝恩摺（雍正二年閏四月初一日）[3]-1429

撫遠大將軍太保公川陝總督臣年羹堯謹奏，為轉奏謝恩事。

據議政前鋒統領蘇丹、一等侍衛兼副都統達鼎、總兵官吳征阿、黃喜林、宋可進、按察使王景灝、額外郎中諾木渾、副將王松、紀成斌呈稱，此次青海事均仰賴聖主威福深謀而平定，我等雖稍有効力亦為臣子之人份內之事，今主逾格施恩賜我等官銜超擢用者，實不能報，我等惟仰副聖主高厚之恩盡能効力，請大將軍代我等轉奏等情，為此謹轉奏。

雍正二年閏四月初一日

硃批：知道了。

〔144〕川陝總督年羹堯奏請互調州縣官員摺（雍正二年閏四月十八日）[3]-1458

撫遠大將軍太保公川陝總督臣年羹堯謹奏，為請調補州縣官員事。

竊查延安府轄米脂縣知縣尚崇安因先年遭旱災，不能安撫流離失所之民，業已會同陝西巡撫范時捷參革，其缺候軍營効力知縣缺高勝勳署理綏德州事務，綏德州司〔註405〕米脂縣一樣遇荒年，高勝勳存心撫慰，流離之民均返回原籍，高勝勳可補為米脂縣知縣之缺。再臨洮府轄河州地方係番子雜居，且與青海交界，以此必須人忠厚，於事稔熟者方能勝任，先參革知州張贊時〔註406〕，臣候

〔註405〕「司」字《年羹堯滿漢奏摺譯編》滿文第一二八號文檔譯作「所屬」。
〔註406〕「先參革知州張贊時」《年羹堯滿漢奏摺譯編》滿文第一二八號文檔譯作「參劾革職前知州張燦時」。

由部補遣官員間，揀選鳳翔府通判徐啟生署理，徐啟生署理和州〔註407〕事務以來兵民甚安，番子並無事端，實乃忠厚事熟之員，今新補河州知州王汝鳩抵至西寧，觀之其有否才幹雖不定，但今年方二十六歲始出為官，何能任邊界要職，倘以徐啟生仍以通判銜並辦理河州知州事務，辦理練達，邊界安寧，將王汝鳩知州銜連同辦理鳳翔府通判事務，原副職事務少，又得學習行走，如此調轉二人均可稱職，將高勝勳補授米脂縣知縣，徐啟生調河州知州，王汝鳩調鳳翔府通判，仍按原官銜計俸或可否晉陞之處，祈由上裁，為此謹奏請旨。

雍正二年閏四月十八日

硃批：依爾所奏，諭部施行。

〔145〕川陝總督年羹堯奏報解送章嘉呼圖克圖之呼畢勒罕進京摺（雍正二年閏四月十八日）[3]-1459

撫遠大將軍太保公川陝總督臣年羹堯謹奏，為奏聞事。

准閏四月十六日奮振將軍〔註408〕岳鍾琪遣人將章嘉呼圖克圖呼畢勒罕〔註409〕送至西寧，名阿旺吹札克，今年八歲，臣將章嘉呼圖克圖之呼畢勒罕阿旺吹札克暫留西寧，俟會盟後再差官解往京城，為此謹奏以聞。

雍正二年閏四月十八日

硃批：知道了。

〔146〕川陝總督年羹堯奏明辦理軍需銀兩摺（雍正二年閏四月十八日）[3]-1460

撫遠大將軍太保公川陝總督臣年羹堯謹奏，為奏明軍需銀兩事。

竊臣抵至西寧辦理軍務以來，先諭飭戶部解送銀二十萬兩，臣二次奏請辦理解送西安布政使司庫銀八十萬兩，以上共解來銀一百萬兩，凡購駝隻草豆，運送米豆及撥發官兵月餉塩菜等項銀均由此項銀內支用，今綠旗土司官兵各處征討番子，軍需糧餉甚迫，戶部翼長西安按察使王景灝呈稱，現餘軍需銀不敷用，倘另請辦解送又需月日，查得西寧道員庫現貯軍需銀二十萬兩餘，請就近撥用此銀等情，竊臣查得貯於西寧道員庫銀並無他用，伏祈就近撥用此項銀，上諭奮威將軍四川提督岳鍾琪率兵暫駐西寧，仍有用錢糧處俟臣返回西安再撥西安布政

〔註407〕和州為河州之誤，即今甘肅省臨夏州。
〔註408〕正確為奮威將軍。
〔註409〕即三世章嘉呼圖克圖若貝多吉。

使司庫銀二十萬兩，送還西寧備用，伏乞降旨戶部存案，為此謹奏請旨。

　　雍正二年閏四月十八日

　　硃批：飭部存案。

〔147〕川陝總督年羹堯奏報留人隨護奮威將軍印信摺（雍正二年五月初六日）[3]-1482

　　撫遠大將軍太保公川陝總督臣年羹堯謹奏，為奏聞事。

　　竊查凡有印信之將軍按例均有隨印章京、筆帖式，今年二月由兵部遣主事平阿〔註410〕將奮威將軍印敕送至後，將軍岳鍾琪正值在邊外，臣差員送往，今上命奮威將軍岳鍾琪暫駐西寧，不可無隨印辦事章京、筆帖式，查得去年隨侍讀學士鄂賴進藏之理藩院主事常利由藏返回，臣令伊攜書行，今年閏四月初八日抵至西寧，故此著主事常利、陝西巡撫衙門筆帖式齊書、理藩院筆帖式廣明隨奮威將軍印信留於西寧，為此謹奏以聞。

　　雍正二年五月初六日

　　硃批：該部知道。

〔148〕川陝總督年羹堯奏報派員署理涼州總兵官摺（雍正二年五月十一日）[3]-1487

　　太保公川陝總督臣年羹堯謹奏，為欽遵上諭事。

　　據雍正二年五月初一日准兵部咨稱，太保公川陝總督年羹堯轉奏署理涼州總兵官事務陝西提督楊盡信為父丁憂情由，奉旨准楊盡信丁憂，將涼州總兵官印務咨行年羹堯派員署理，該部知道，欽此欽遵。臣除咨行楊盡信丁憂外，查涼州總兵官所轄地方內駐番子外駐蒙古，甚要，現新補放之江西南贛總兵官宋可進熟悉蒙古番子事務，故此著總兵官宋可進署理涼州總兵官事務，為此謹具奏聞。

　　雍正二年五月十一日

　　硃批：該部知道。

〔149〕川陝總督年羹堯奏報青海平定後地方餘戰情形摺（雍正二年五月十一日）[3]-1488

　　撫遠大將軍太保公川陝總督臣年羹堯謹奏，為奏明事。

〔註410〕本部分第一一〇號文檔譯作主事平安。

　　竊查番子等內甚兇惡者首屬莊浪謝勒蘇番子，佔領卓子山棋子山，聞我等大軍往征即委託賢彌寺〔註411〕喇嘛詐稱歸降我等，大軍一撤復照出劫攄，賢彌寺喇嘛等共同分利，繼之此涼州南崇寺〔註412〕之沙瑪喇木札木巴、章班迪、大頭和尚等為首，外結蒙古，於去年侵掠新城堡、張義堡者均此等人。再西寧之恩諸公寺〔註413〕、朝天堂、夾耳朵寺〔註414〕等處番子，原與涼州莊浪之番子不同，惟自郭隆寺逃出之喇嘛番子等躲避恩諸公寺等處，自果莽寺逃出之喇嘛番子等避往夾耳朵寺等處，欺惑眾番子，勾結涼州莊浪剿餘之賊，並未來投，故此臣竊思今乘遠布聖主威德之際倘不征服，嗣後又遺患於商賈民人等因，故經奮威將軍岳鍾琪會同在西寧諸大臣反復研商，將綠旗兵土司兵共分十一路遣派，四月十五日均自西寧啟程。

　　後奮威將軍岳鍾琪陸續稟報，經碾伯進山，四月二十一日抵達恩諸公寺，喇嘛番子等均來投，著朝天堂之番子呈拜小章嘉呼圖克圖〔註415〕，二十三日抵營後宣撫來歸之喇嘛番子仍駐原籍，亦未斬一人。

　　值率軍向莊浪山內往時抵樹馬耳路中途遊擊范奇鋒〔註416〕來報，率兵向陶賴川往時四月二十一日夾耳朵寺番賊謊稱來投，將守備張憲志、把總楊志廉、駐驛領催費彥圖引至山內，截路不准返回，二十二日賊番四面來攻，我等兵攻戰斬賊番百人，天黑後方才敗退，我即命總兵官黃喜林、副將王松率兵往援，共同剿殺等情，繼之范奇鋒、王松等來報，二十七日午時三四百賊番前來侵掠卡倫，范奇鋒遣派援兵斬賊甚多，至巳時因王松率兵抵達，賊匪方避於山中等情，又暗遣副將紀成斌等自左面山堵截溝口，我親於二十八日率兵毀賊匪所築堵牆，砍所樹木樁從溝穴進入，賊匪見之即向左面山逃去，恰遇紀成斌等，兩面夾攻斬賊匪三百餘生擒十人，訊問伊等情形後即命副將紀成斌、張裕〔註417〕、總兵官黃喜林、副將王松、遊擊范奇鋒等於三十日會同征伐，故約期遣之，續據伊等來報，兵分四路進攻，連續克取山梁七座，竟倚賊番之穴賊番亦四面迎戰，自辰時至巳時我軍奮勇攻戰，斬賊數百，掉進山溝滾下河者甚多，所獲牛羊等項均分賞官兵，焚毀夾耳朵寺廟，被誘之守備張憲志等均陣亡，

〔註411〕　常寫作仙米寺，位於今青海省門源縣仙米鄉。
〔註412〕　常寫作南沖寺，寺原位於甘肅省天祝縣朵什鄉。
〔註413〕　常寫作朱固寺，位於青海省門源縣珠固鄉。
〔註414〕　常寫作加多寺，寺原位於今青海省門源縣東川鎮。
〔註415〕　指三世章嘉呼圖克圖若貝多吉。
〔註416〕　此人正確名應為樊起鳳。
〔註417〕　《四川通志》卷三十二頁四十二作建昌鎮標右營遊擊張玉，應即此人陞任者。

今夾耳朵寺、恩諸公寺番子等既然均被滅歸降，我親率兵即往涼州莊浪等語。

又該將軍來報遊擊馬中孝、王達勳報稱，四月二十四日率軍於火石溝紮營，通事來告山谷內有番賊數十戶，即解番子問之均稱歸降，且於二更時又逃之，二十五日往查，賊番即有向我等交戰之狀，官兵進入斬番子百餘，生擒男丁五十四人婦孺十餘人，其他皆敗逃山內，獲牛羊弓箭鳥槍等物均分賞官兵等語。

又遊擊王敘吉〔註418〕、范士雄〔註419〕報稱二十七日向石門口尋蹤，遇番賊交戰，斬賊七十餘，將生擒男丁婦孺七十一口，獲牛羊刀槍等項分賞官兵，餘賊均逃之等語。

又涼莊道員姜悶報稱，閏四月初五日守備千總把總率兵自西鳳堡進山清查，正遇賊番擄掠蘭草口、團莊、賀家營等處民人之羊一千八百餘隻，即急令兵追往，執殺二賊刀斬賊十二人槍殺賊六十餘人，其餘均受傷滾下深壑，所擄羊全部奪回各歸原主等語。

又據該將軍來報我於閏四月初九日命令諸路軍於十一日會師征伐賊匪，十二日議政前鋒統領蘇丹報稱，十一日軍抵至旁普拉匣口二番賊頭目領三十七名番子歸降來迎，詳問其因，觀之語互不相符，情況雖有疑不可不留來投之人，即令通事執號旗，招服伊等眾夥，又往觀其真偽，通事返回告稱伊等所居之房內亦無一人，登山尋看眾番子等均藏於山林放槍，故我即率官兵，倚靠伊等巢穴四五百賊番佔領山林向我等交戰，官兵奮進斬賊七十三人，炮槍殺者甚多，生擒十六人，將詐降之番子頭目及賢彌寺詐降之六番子頭目均一併斬之，所獲牛羊分賞官兵等語。

又據涼莊道員姜悶報稱，十五日於棋子山北搜尋番子時，巴冬口見有番子蹤跡，即率兵分路進攻，遇百餘番子交戰，所斬賊番十三人炮槍殺者八十餘人，其他均受傷敗逃。再同知王廷松、守備鞠有德、胡傑等亦遇賊四五百交戰，官兵連續奮勇搗毀賊巢七座，斬賊二三百，餘者均負傷敗逃，所獲萬餘牛羊分賞官兵等語。

又據總兵官宋可進報稱，十五日土司盧華齡於天王口遇敵，即急令諸路官兵從山巔下衝，自辰時至未時攻進至大通河口，斬番子二百餘，倒於河岸跳河者甚多，將所獲賊之婦孺百餘口牛羊均分賞官兵等語，繼之訊問押解之賊番，將伊等番子等先後已近剿殺完結。

〔註418〕《甘肅通志》卷二十九頁五十四作固原提標後營遊擊王緒級。
〔註419〕《甘肅通志》卷二十九頁六十六作西寧鎮標後營遊擊范世雄。

又據涼莊道員姜閌報稱，謝勒蘇為首賊番班馬牙逃之，據云進木毛山〔註420〕，我即分遣官兵捉拿，我親於二十日自棋子山啟程抵兔兒衝後，執解賢彌寺喇嘛、謝勒蘇為首番子阿旺車凌，訊問據供，山後有二部番子，若恕我命我情願引路，即令參將姚文育〔註421〕等以二路夾攻等因遣之，二十一日姚文育等抵達噶浪嶺，斬番子一百餘，及獲番子婦孺三十餘口及牛羊，又賊番等未剿盡不可料定，又遣總兵官黃喜林率兵四千命之搜山，莊浪番子既然均剿滅，我今自正羌〔註422〕率兵前往木毛山，查得木毛山距南沖寺近，將沙瑪喇木札木巴、大頭和尚、班第世加利，先雖被圖門堡〔註423〕守備胡傑誘拿，解往西寧審明依法處置，聞得沙瑪喇木札木巴又有二名兒子輩人並未歸服，將此或滅或招服之處，俟事竣後再予稟報等語。

又據該將軍來報，我率兵抵至正羌探得，賊番等均集於木毛山，即令前鋒統領蘇丹率兵由黑馬圈進攻，令涼莊道員姜閌率兵由小南沖進攻，令副將王松由石門峽〔註424〕進攻，令遊擊范士雄由百靈溝進攻，我親自率兵由龍溝進攻，又另遣兵鎮守由木毛山通往莊浪西山之諸路口，以此諸路軍照前約均於二十五日卯時共同抵木毛山，賊番等見大軍之威壯，均集於山梁步射投石，官兵紛紛奮進奪回五座山梁，從辰時至巳時進攻四十餘里，所斬賊匪甚多，剩餘賊匪均棄婦孺逃散，所獲賊匪婦孺牛羊均分賞官兵，二十六日又遣兵搜山，喇嘛托巴等請來投，訊問據供，我等原屬天國之民，遵大將軍命引軍來執沙瑪喇木札木巴二子輩人阿雅孜、哈隆坦，阿雅孜兄弟因禁我等，聞大軍到欲想出迎，不准我等出，昨日交戰者均沙瑪喇木札木巴人，我等逃匿山林內，今獲悉伊等人均被大軍所殺，阿雅孜兄弟亦被殺等語。以此即發托巴令旗招撫散逃之番民，雖稱阿雅孜兄弟均被殺，即不可相信，故令總兵官宋可進、涼莊道員姜閌率綠旗土司民兵五千反復搜巡，暫留地方駐防。又聞得自木毛山逃出之番賊等有從山內小路逃往棋子山者，我親於二十八日率兵經西山之賢彌寺搜剿賊匪，返回西寧等因。

又據該將軍來報，閏四月二十九日抵達西山石門溝後，令副將張育〔註425〕、

〔註420〕今名毛毛山，位於甘肅省天祝縣境內。
〔註421〕《四川通志》卷三十二頁三十一作重慶鎮右營遊擊姚文玉，應即此人。
〔註422〕「正羌」應為「鎮羌」之異譯，今甘肅省天祝縣打柴溝鎮金強驛村。
〔註423〕今甘肅省古浪縣土門鎮。
〔註424〕原文作「匣」，今改為「峽」。
〔註425〕《四川通志》卷三十二頁四十二作建昌鎮標右營遊擊張玉，應即此人陞任者。

遊擊馬紀斯〔註426〕分路搜賊，五月初一日馬紀斯報稱，抵刺兒溝看得，因有賊跡即跟蹤搜進林內，遇百餘賊迎戰，我等官兵斬十餘賊，其他賊又逃進深山，我等官兵即尾隨跟進，遇數百賊交戰斬數十賊後，賊匪等自石門寺路敗逃，我等官兵盡力追殺一連戰七次，正值如此戰鬥，遇守備馬廣率兵從賊後搜山，即截賊尾前後夾攻，斬賊三百餘，餘賊四面逃散等因，即令眾官各進搜剿。

守備馬廣報稱，初二日躡蹤抵至寬溝，搜獲賊番二十餘均行斬之等語。

又遊擊岳翰奇〔註427〕、竇棟〔註428〕、土司盧華齡等報稱躡蹤抵至棋子山，見山上有五六十賊，斬六賊生擒一小番子，眾賊甚懼四面逃散等語，訊問拿獲小番子據供，我乃謝勒蘇班馬牙人，昨日刺兒溝戰役將我等擊敗，又越一山會同多布藏人復向爾等交戰，班馬牙陣亡，殺我等二戶人甚多，多布藏人惟餘二三十口逃往寬溝，班馬牙二子馱其父之屍奔向高山，我等餘五六十人逃來棋子山，又被爾等殺六人等情，以此我即命副將張育會同土司盧華齡率兵駐於棋子山搜山務靖剿。又查得賢彌寺番子等降叛並未定，且比鄰棋子山賊穴，嗣後賊復棲息肇事不可料定，惟既業已歸服不准消滅，伊等喇嘛番子等均命移居夾耳朵寺外，其內賢彌寺囊蘇阿旺華藏有拿解謝勒蘇賊首阿旺車凌之事，頒與阿旺華藏之土司千戶牌照，命收管伊等屬下喇嘛番子等，將賢彌寺房屋放火焚毀，我親於初五日兵分五路從夾耳朵寺路搜巡，返回西寧等因，先後來報。

臣按所報若即逐一具奏，恐擾聖聞，故均存之，俟事竣匯奏，自彼其他官員於各路遇賊交戰捕滅招服等情形不盡其數，此次查明戰役陣亡受傷之綠旗土司官兵及歸服番子戶口數，均報來後分別造冊另送部外，今奮威將軍岳鍾琪於五月初九日率兵返抵西寧，為此謹明白奏聞。

雍正二年五月十一日

〔150〕川陝總督年羹堯奏報頒佈新禁青海民人款項摺（雍正二年五月十一日）[3]-1489

撫遠大將軍太保公川陝總督臣年羹堯謹奏，為謹奏覽新禁令青海人款項事。

今仰聖主威福既已平定青海逆賊，由此不可不定律例嚴加約束，故此臣將禁伊等之禮例定為十二款，俟會盟之日宣聞青海民眾，均願意接受，將此謄繕鈐印每扎薩克各發一張外，所定十二款項謹繕奏覽，為此謹奏。

─────────────

〔註426〕《四川通志》卷三十二頁三十七作漳臘營遊擊馬紀師。
〔註427〕《四川通志》卷三十二頁四十六作黎雅營遊擊岳含奇。
〔註428〕《甘肅通志》卷二十九頁八十二作興武營遊擊竇棟。

雍正二年五月十一日

硃批：知道了，將摺子交總理事務王大臣議政大臣等議之。

〔151〕川陝總督年羹堯奏報靖除莊浪番賊摺（雍正二年五月十一日）[3]-1490

撫遠大將軍太保公川陝總督臣年羹堯謹奏，為奏聞事。

此二年內莊浪附近賊番甚兇惡行亂，今仰聖主天威遣派奮威將軍岳鍾琪剿殺向我大軍抵抗者，其內甚懼者均歸服，惟謝勒蘇等六部落之賊共有一千餘人，無論如何斬殺並不知懼，仍乘機向我大軍抵抗，現除所斬之賊外審問擎獲之賊等，據所供估計仍足有一百人，此賊等並非由於窘困即如此盜掠，甚有生業，每日行盜成習，斷不悔改，倘不靖除此等而留之，大軍撤後復出截路，進行盜掠，則商賈附近居民均不得安寧，惟伊等居處山甚險峻，林甚茂密，餘賊又甚少，凡一曲隅處均可隱匿，搜山亦一時不能靖除，今概以大軍鎮守以至徒耗糧餉，故此臣令岳鍾琪等將大軍率撤，遣派綠旗兵土司兵民團共三千人限期一月，從容搜尋滅之，若不於此險山密林內，綠旗兵紮營經常巡邏，嗣後惡番等又進入棲息不可料定，於此倘可紮營，應駐兵多少之處俟事竣後臣再另行議奏外，為此謹具奏聞。

雍正二年五月十一日

硃批：該部知道。

〔152〕川陝總督年羹堯奏請青海地方編制佐領摺（雍正二年五月十一日）[3]-1491

撫遠大將軍太保公川陝總督臣年羹堯謹奏，為請旨事。

先青海眾人歸服聖主仁化以來封伊等王貝勒，施恩至此時並未立法，伊等內相互侵漁，原人少者今人多，先人多者反而人少，今仰聖主天威既已平叛，不乘此軍威立法，像我等內地扎薩克不編佐領管轄則嗣後不能永無爭亂，關係甚要，編此佐領事臣並未經過，僅臣所知概議得，百戶編為一佐領，不足百戶者為半個佐領，該台吉均為扎薩克，伊等兄弟內視賢者為協理合吉各一名，每扎薩克協領、副協領、甲喇章京各為一名，每一佐領設佐領、驍騎校各一名，小撥碩庫各四名。伊等戶口既然多寡不等，所編佐領多之旗惟有協領一名、副協領一名、甲喇章京一名，難於顧及，故此一旗超十佐領者除不增協領外，各增一副協領，二佐領合增一甲喇章京，聖主明鑒，倘照此辦理尚可，一等侍衛

副都統達鼐諳悉蒙古事，且凡委交之事勤慎辦理，著其暫留，分定青海之人所轄地方，辦理編制佐領之事，為此謹奏請旨。

雍正二年五月十一日

硃批：交付議政大臣等。

〔153〕川陝總督年羹堯奏報青海事竣所派人員留去情形摺（雍正二年五月十二日）[3]-1493

撫遠大將軍太保公川陝總督臣年羹堯謹奏，為奏聞事。

去年因有青海軍務上命二等侍衛博勒綽〔註 429〕等十二人遣發我處，臣復將由柴達木撤之二等侍衛兼委護軍參領常明、二等侍衛杜莫車〔註 430〕、包衣護軍參領色勒圖〔註 431〕、由藏地而出之參領常齡〔註 432〕、委護軍校章京劉格留於西寧，將駐防黨色爾藤〔註 433〕之二等侍衛〔註 434〕之倭赫、烏木巴里、察哈爾地方厄魯特佐領章京車木本調來，今年四月除三等侍衛第桑阿解送班禪額爾德尼使臣遣赴京城不返回外，現臣攜大將軍印自寧夏前往西寧〔註 435〕，按充足核計二等侍衛博勒綽、三等侍衛周翰、藍翎片圖、李志翠，自柴達木撤之二等侍衛兼委護軍參領常明、二等侍衛杜莫車、由藏地出之參領常齡，率伊等抵達西安後將伊等留之，餘者均於五月十二日自西寧啟程經西安返回京城。將厄魯特佐領章京車木本就近沿邊出衡城邊口已遣察哈爾處，為此謹具奏聞。

雍正二年五月十二日

硃批：該部知道。

〔154〕川陝總督年羹堯奏報由西寧返回西安日期摺（雍正二年五月十二日）[3]-1494

撫遠大將軍太保公川陝總督臣年羹堯謹奏，為欽遵上諭事。

〔註 429〕本書第二部分年羹堯漢文摺第一七三號《川陝總督年羹堯奏報恒德阿錫鼐擅將有臕官馬售賣所送馬匹難濟進勤摺》作侍衛博爾綽。

〔註 430〕本部分第三十二號文檔譯作土默車。

〔註 431〕本部分第三十二號文檔譯作色爾圖。

〔註 432〕本部分第三十二號文檔譯作常凌。

〔註 433〕常寫作「黨色爾騰」，今甘肅省阿克塞縣大蘇干湖，小蘇干湖，昔時大小蘇干湖應連在一起，稱色爾騰湖，「黨」字可能與黨河有關。

〔註 434〕「衛」字輯者補。

〔註 435〕「西寧」為「西安」之誤譯。

今年閏四月十七日奉旨，諭大將軍年羹堯，青海地方略小，大軍久駐無益，爾酌情留之以備防守地方，各自應退回該處者退之，爾任內之事亦曠缺日久，俟會盟竣，著奮威將軍岳鍾琪留西寧，駐地方以威攝[註436]，辦理尚未完結之事，爾返署若途經寧夏，查看所建營房塩務等，由彼返回西安，特諭，欽此欽遵。臣於五月十一日會盟，十二日自西寧啟程，途經寧夏返回西安，現將西寧未完結之事均交付奮威將軍岳鍾琪辦理，臣將啟程日期謹奏以聞（硃批：朕好替你榮耀歡喜也，你亦當代朕好體面欣幸也，我君臣二人有一點不好處，再不能邀上天神明，此一番始終之洪慈也，互相勉之，結生生世世如是之善緣耳）。

雍正二年五月十二日

硃批：該部知道。

〔155〕川陝總督年羹堯奏報達鼐在議政上行走摺（雍正二年五月十二日）[3]-1495

撫遠大將軍太保公川陝總督臣年羹堯謹奏，為奏聞事。

臣遵旨於五月十二日自西寧啟程，經西寧往西安，著奮威將軍公岳鍾琪留西寧率兵辦事，查得凡征伐將軍均有議政大臣，西寧總兵官黃喜林在議政上行走，再應辦之蒙古事尚多，著一等侍衛副都統達鼐亦留在西寧在議政上行走，為此謹奏以聞。

雍正二年五月十二日

硃批：所辦甚是，該部知道。

〔156〕川陝總督年羹堯奏報官員病情及官員調補摺（雍正二年五月十二日）[3]-1496

撫遠大將軍太保公川陝總督臣年羹堯謹奏，為請旨事。

五月十一日駐布隆吉爾總兵官孫繼宗、護軍統領兼委協領常色禮來報，副將軍阿喇衲自今年四月初七日左軟肋下患重病，從肅州請大夫醫治稍愈，本月二十一日病情復發，由病根處右軟肋向上擴散，往肚臍左面過一寸，不能行而臥，面色漸衰，飲食者少，病情重等情各來報。竊臣觀孫繼宗等所報情形，阿喇衲多病，布隆吉爾地方甚要，不可一日無統兵之人，此間阿喇衲病情漸愈則

〔註436〕原文作「威攝」，今改為「威懾」。

已，倘又報病情加重，統轄彼處兵即理應遣都統蘇丹，惟蘇丹此番往征卓子山、棋子山番子，中山內潮濕，膝蓋傷口流血膿，不可遣邊外，現署理陝西提督事務都統噶爾弼前數次向臣呈報願往汛地効力，著將噶爾弼經驛站遣往布隆吉爾統兵，陝西提督印務遣蘇丹署理，西安將軍事務雖要，臣今親往西安，即由副都統覺羅伊禮布署理，協臣辦理，或另遣臣署理，協臣辦理之處，伏乞聖主速諭臣後欽遵施行，為此謹奏請旨。

雍正二年五月十二日

硃批：已諭部矣，但此提督缺已出，何必常用署理，少遲數月，你可斟酌此番建功人員內擇其可勝任者密奏以聞，蘇丹甚配將軍，未必宜於提督，或宜即行，或遲數月處，一併奏聞。

〔157〕川陝總督年羹堯奏報都統蘇丹署理西安將軍事務摺（雍正二年五月十二日）[3]-1497

撫遠大將軍太保公川陝總督臣年羹堯謹奏，為欽遵上諭事。

五月初六日接旨，署理西安將軍事務公普照告假前來京城，現既然西寧事完竣，都統蘇丹同大將軍年羹堯自寧夏前往西安，署理西安將軍事務，欽此欽遵，臣交付都統蘇丹，爾同我自西寧抵達西安後署理西安將軍事務等情，為此謹奏以聞。

雍正二年五月十二日

硃批：該部知道。

〔158〕川陝總督年羹堯等奏請萬安摺（雍正二年五月十二日）[3]-1498

撫遠大將軍太保公川陝總督臣年羹堯等謹跪請聖主萬安。

雍正二年五月十二日

撫遠大將軍太保公川陝總督臣年羹堯

奮威將軍公四川提督臣岳鍾琪

議政都統臣蘇丹

一等侍衛兼副都統臣達鼐

副都統臣覺羅伊禮布

總兵官臣黃喜林

按察使臣王景灝

　副將臣王松
　副將臣紀成斌
　副將臣岳朝龍
　副將臣張育

　　硃批：朕躬甚安，爾等均好麼，甚好麼，對爾等此隊大臣等如何仁愛施恩之處朕實想不出，嘉善之詞均難表達，惟天地鑒之，增爾等福壽，永為國家棟樑，子孫世代興旺無窮，此朕誠意為爾等祝願，上天必鑒合。

〔159〕川陝總督年羹堯奏報守護大將軍印敕所留人員摺（雍正二年五月十二日）[3]-1499

　　撫遠大將軍太保公川陝總督臣年羹堯謹奏，為奏聞事。

　　竊查去年為守護大將軍印敕調甘州滿洲兵一百，攜來西寧時營長綽奇、巴爾賽、委護軍參領托克托鼐、吳爾圖那斯圖率之攜來，今年除解送賊首阿喇布坦鄂木布等遣派營長綽奇、護軍校吳詩[註437]、護軍二十往發京城不返來外，所餘營長巴爾賽、委護軍參領托克托鼐、吳爾圖那斯圖、護軍校護軍共有七十九人，今臣抵至西安後，既然有大將軍印敕不可不留章京護軍守護，故此營長巴爾賽、委護軍參領托克托鼐按每旗護軍五人，連同護軍校共留四十人守護大將軍印敕，其餘三十九名護軍交付委護軍參領吳爾圖那斯圖於五月十二日自西寧啟程遣返京城，為此謹具奏聞。

　　雍正二年五月十二日

　　硃批：該部知道。

〔160〕川陝總督年羹堯奏報撤涼州駐軍遣返西安摺（雍正二年五月十二日）[3]-1500

　　撫遠大將軍太保公川陝總督臣年羹堯謹奏，為奏聞事。

　　因先有青海事，故臣具奏調西安滿洲兵五百，戍駐涼州，今莊浪涼州附近事均已平定，相應撤出此五百兵，於本月十六日自涼州啟程遣返西安，為此謹奏以聞。

　　雍正二年五月十二日

　　硃批：該部知道。

〔註437〕滿語人名，常譯作五十。

〔161〕川陝總督年羹堯奏報調補駐布隆吉爾副將軍等缺摺（雍正二年五月二十二日）[3]-1510

撫遠大將軍太保公川陝總督臣年羹堯謹奏，為奏聞事。

竊臣曾因駐布隆吉爾副將軍阿喇衲患病，著署理陝西提督事務噶爾弼遣往布隆吉爾辦事，著都統蘇丹署理陝西提督事務等因具奏，本月十八日副將軍阿喇衲復呈文，伊身患多病，伏祈遣人代為辦事等情，由此觀之，既然事急，臣一面備咨噶爾弼，臣我親抵固原後明確交付噶爾弼即啟程，著都統蘇丹即留固原辦理提督事務，噶爾弼抵達布隆吉爾後，著阿喇衲來肅州養病，為此謹奏聞。

雍正二年五月二十二日

硃批：已有旨了。

〔162〕川陝總督年羹堯奏報遊擊紀登第償還銀兩摺（雍正二年六月十五日）[3]-1538

撫遠大將軍太保公川陝總督臣年羹堯謹奏。

雍正二年六月初七日准兵部咨稱，由我部具奏，遊擊紀登第應償二十八頭駝價銀一千四百兩錢糧，奉旨，紀登第人如何，効力若何，何以陣亡，應否寬免之處問公大將軍年羹堯，覆奏時降旨，欽此欽遵，為此咨行等情。查得原遊擊紀登第居官平常，今年二月同道員姜問征伐卓子山賊番陣亡，惟於汛地効力以至身殉，情屬可憐，伊虧空之銀可否寬免恩由上出，為此謹奏。

雍正二年六月十五日

硃批：免紀登第償銀，已諭部矣。

〔163〕川陝總督年羹堯奏參查克旦瀆職貪污事摺（雍正二年六月十五日）[3]-1539

撫遠大將軍太保公川陝總督臣年羹堯謹奏，為參奏事。

竊查原侍郎查克旦先隨十四貝子允禵於汛地辦事，並未盡心忠懇効力，惟藉貝子允禵之名訛詐地方官吏，多以勢力欺人，本人飲食用者奢侈至極，且連立婢妾數人，以此即理應治以重罪，聖主施鴻恩宥之，惟令伊於汛地効力，臣雖委查克旦修築布隆吉爾城効力，並不知罪，伊前所苛取者斷不完全供出，先後共只交銀六千兩，今原涼莊道員何廷圭供內，查克旦竟不給銀，逼迫捐銀二千一百五十兩等語，將此等銀臣行文催之，頃抵西安當面催收，查克旦吞吐供

稱，籍沒我家產，方得知也，如此悖主之恩，侵法之官，倘不嚴懲，不肖官員均仿効行之，故此參奏查克旦，交該處嚴加議處，為此謹奏。

雍正二年六月十五日

硃批：查克旦甚討厭，將此論總督年羹堯，革職綑拿，嚴審貪污之案，令當差，擬定犯法悖旨之罪議奏。

〔164〕川陝總督年羹堯奏請查明巴彥錢糧事摺（雍正二年六月十五日）[3]-1540

撫遠大將軍太保公川陝總督臣年羹堯謹奏，為請旨事。

竊臣於去年在京城時，上命臣查明用於西寧之巴彥〔註438〕錢糧，臣在西寧因未得造用巴彥錢糧冊無有查證，今侍郎巴泰〔註439〕、卿梁文科〔註440〕，將用於頗羅鼐軍需錢糧，為銷算事，既往西寧〔註441〕，伏思此間冊亦造得，將此巴彥錢糧交付侍郎巴泰查明，俟旨到後，由臣處咨行侍郎噶什圖，將冊交與巴泰查之等情，為此謹奏請旨。

雍正二年六月十五日

硃批：依奏施行，該部知道。

〔165〕川陝總督年羹堯奏報達賴喇嘛遣使前來貢物等事摺（雍正二年六月二十一日）[3]-1548

撫遠大將軍太保公川陝總督臣年羹堯謹奏，為奏聞事。

據奮威將軍岳鍾琪呈文內開，達賴喇嘛、班禪等遣使臣等攜獻主貢物奏表及獻大臣等禮物文書抵至西寧，現天炎熱難於入邊，准伊等何時進人之處祈大將軍等指示等語，臣覆咨飭岳鍾琪，今正值炎熱，使臣等暫留西寧，俟涼爽後惟使臣本人攜獻主貢物奏表等項遣送我前，抵至此處後我遣官送往京城，其他隨行者仍駐西寧等因，為此將獻主貢物奏表及獻臣之物品文書繕單一併謹具奏覽。

〔註438〕本文檔「巴彥」二字《年羹堯滿漢奏摺譯編》滿文第一四八號文檔譯作「富裕」。

〔註439〕《清代職官年表》部院滿侍郎年表作吏部左侍郎巴泰。

〔註440〕《清代職官年表》京卿年表作大理寺卿梁文科。

〔註441〕「將用於頗羅鼐軍需錢糧，為銷算事，既往西寧」此句文意不通，且與史實不符，頗羅鼐與阿爾布巴之西藏內戰在雍正五六兩年，《年羹堯滿漢奏摺譯編》滿文第一四八號文檔譯作「為銷算軍需用錢糧，前往西寧」，如此翻譯應正確。

雍正二年六月二十一日

硃批：知道了，不論是非一派假慈悲，滿腔真貪殺乃喇嘛之道也，此教天地間將來不知如何報應也，此時明露一點不得勝，亦著實留心化導，他們若能移易惡習，朕功不小也。

〔166〕川陝總督年羹堯奏請補放知縣缺摺（雍正二年六月二十一日）[3]-1549

太保公川陝總督臣年羹堯謹奏，為請旨事。

竊查據部具奏，凡有虧空官員之子弟，現於直隸諸省在職者，均需離任，俟償還完結，再予補用等情，新律定後普遍施行在案。續准吏部咨開，奉旨，先由吏部咨文，虧空官員之子弟，若為官必至兩處均虧空，故不准為官解任，今陝西省正值用人之際，理應留任辦理軍需，俟事完竣後，總督年羹堯分別具奏，此內特旨攜來王志林之子等官照常解任遣返，由吏部即知照陝西總督巡撫，欽此欽遵，咨文前來。臣即遵部文，普遍施行，今由吏部對鞏昌府所轄禮縣補放新知縣葉澤恩抵至陝西，查得同知兼管理知縣事務禮縣知縣石夢鄂，雖伊父石文斌於河東運使之任有未完結錢糧，惟石夢鄂為官勝任。倘將石夢鄂解任，與留任辦理軍務之旨不符。若將葉澤恩送部另補，又往返徒勞。故此，臣祈請將石夢鄂仍遵旨留任辦事，葉澤恩即留陝西省，視知縣出缺，臣奏請補放，為此謹奏請旨。

雍正二年六月二十一日

硃批：依奏施行，該部知道，已諭部矣。

〔167〕川陝總督年羹堯奏報捉拿羅卜藏丹津情形摺（雍正二年六月二十一日）[3]-1550

撫遠大將軍太保公川陝總督臣年羹堯謹奏，為奏聞事。

據奮威將軍岳鍾琪解送達賴喇嘛之使臣等，及被盆蘇克旺札勒等三十三台吉拿獲之根都札布等歸來，據所告之語觀之，羅卜藏丹津今甚困迫，棲身於克利亞〔註442〕等處是實（硃批：羅卜藏丹津為何易抵克利亞），臣自西寧啟程前即聞羅卜藏丹津棲身於克利亞等處，並無實據，未曾奏聞，惟三十三家台吉等係顧實汗兄弟子孫，原本人少，被羅卜藏丹津以威克取，現羅卜藏丹津既在

〔註442〕《平定準噶爾方略》卷六頁二十一作克勒底雅，今新疆克里雅河。準噶爾襲藏循克里雅河而入，故清初史料將阿里羌塘高原一帶誤稱作克哩野。

伊等處，肯定降伊，此三十三台吉之男丁雖弱，總力相合不足一千男丁，降我等之盆蘇克旺札勒等均駐伊等附近，倘侵害降我等之人，亦有關聯等因思之（硃批：甚是），一面咨行在藏之內閣學士鄂賴、總兵官周穎〔註443〕等由藏備兵，前往克利亞等處擊敗羅卜藏丹津外（硃批：藏兵抵克利亞者，似亦遠勞苦，康濟鼐阿里之兵近便），一面令在西寧官兵之馬匹均不准出牧群，準備妥當渡過邊外噶爾曼蚊虻期，自七月二十日酌選充足之兵，多備騎馱之馬畜，遣派克利亞等處（硃批：抵克利亞等處者難，若收三十三台吉即事成，兵抵克利亞事再加斟酌），再由布隆吉爾亦派兵，向噶斯迎會西寧之大軍，共三路追拿〔註444〕羅卜藏丹津。竊查克利亞位於藏之東北、噶斯之西南面，自準噶爾往藏之岔路，由康濟鼐處惟五日路程，若往準噶爾其間有五百餘里戈壁，倘急速而行三日方能經過，羅卜藏丹津被逼無奈若往尋準噶爾，今思策妄阿喇布坦緝拿解送我等矣，倘戈壁大伊不能過，必被我等大軍拿獲（硃批：羅卜藏丹津欲生惟此一條路，策妄阿喇布坦雖緝拿不送我等，亦將伊為奴，折磨而已，設想不准伊抬頭，亦如同死人也，西地事甚妥了結，我等兵丁亦多辛勞，將羅卜藏丹津能為後患之處理應通達辦理，為緝捕羅卜藏丹津一人勿勞苦不必要之兵士，該死的若往克利亞康濟鼐執之，若往策妄阿喇布坦處任伊往之，我等軍士甚遠行，勿指示地名，伊等視情形而行為妥），故此將岳鍾琪解送達賴喇嘛之使臣及謄抄根都札布等稟告之文書、羅卜藏丹津給盆蘇克旺札勒等三封蒙文書一併奏覽，為此謹奏以聞。

雍正二年六月二十一日

硃批：字全看過，此一奏朕惟與怡、旧、阿〔註445〕三人看過，總密之未宣出，至臨期進兵時引遵旨奏一滿字摺來，朕發與議政知道存案。

〔168〕川陝總督年羹堯奏薦諸省官員摺（雍正二年六月三十日）[3]-1564

太保公川陝總督臣年羹堯謹奏，為奏聞事。

准兵部來文內開，雍正二年五月初八日和碩怡親王、舅舅隆科多、兵部尚書遜柱、盧詢、侍郎伊都立、牛鈕、楊汝穀奉旨，朕無不慎選補官員，諸省武官有引見者亦有未引見者，爾等咨行諸省總督巡撫提督總兵官副將以下遊擊

〔註443〕《四川通志》卷三十二頁三十三作松潘鎮總兵周瑛。
〔註444〕原文作「追拿」，今改為「追拿」。
〔註445〕即阿拉錫，即拉錫。

以上，除地方有事及已引見者外，將才具為官名聲佳者每省不逾四五人，陸續輪班保送京城引見，欽此欽遵，咨行直隸諸省總督巡撫提督總兵官一體謹遵施行等情。臣查得現四川陝西武官均已委事，故此臣著四川陝西二省武官暫停引見，俟軍務完竣再保舉選送等因咨行四川陝西巡撫提督總兵官等外，為此謹具奏聞。

雍正二年六月三十日

硃批：該部知道。

〔169〕川陝總督年羹堯奏報征剿西寧等處番賊摺（雍正二年六月三十日）[3]-1565

撫遠大將軍太保公川陝總督臣年羹堯謹奏，為奏聞事。

准奮威將軍公岳鍾琪呈文內開，據臣奏稱，臣遵大將軍所委，前往征剿棋子山卓子山謝勒蘇等屬部番子，斬賊首班馬牙，斬殺屬賊甚多，正值全殲逃進深山之餘賊，大將軍命我返回西寧，酌留官兵搜山剿滅餘賊等因，我暫留副將張育，會同土司盧華齡率四川陝西綠旗土司官兵三千留於棋子山搜剿，後俟涼州總兵官印務之總兵官宋可進於木毛山事竣率兵返回後，我即將副將張育復攜至西寧，率兵遣返四川，一面著宋可進總督綠旗土司官兵限期搜剿，務必靖除等因交付。今宋可進來報，謝勒蘇賊首噶珠陸續攜番子男女老幼共一千一百六十二口跪於營前請求恕命，情願歸降等情，臣查得謝勒蘇等番子世代居於卓子山等處，憑藉山險肆行劫掠，理應剿滅以正國法，今既業已來投，仰副聖主好生之意准伊等來投，倘伊等仍居棋子山，年久復起事端不可料定，務獲專管官員後日方可無患，查得土司盧華齡屬地既距棋子山近，將此歸服之番子等率遷土司盧華齡屬地，同土司民人等雜居，清查未耕之田著伊等耕種，交該土司嚴加管理，久後，自然歸化，更改暴惡，可永為盛世之民等情具奏，除留西寧四千官兵外著所餘四川陝西綠旗土司官兵自五月二十日至六月初七日陸續各自啟程返回原營等因。竊臣查得先棋子山、卓子山敗逃之賊番等仍匿於山谷密林中不可料定，故留三千官兵限期一月搜查靖除，等因具奏留之，今岳鍾琪稱番賊謝勒蘇頭目噶珠等均歸降，著官兵均撤退，此皆關係錢糧之事，伏乞下旨飭部存案以備日後銷算，再後撤之官兵各自抵營報來後另報部外，為此謹奏以聞。

雍正二年六月三十日

硃批：該部知道。

〔170〕川陝總督年羹堯奏請萬安摺（雍正二年七月初三日）〔註446〕 [3]-1567

撫遠大將軍太保公川陝總督臣年羹堯謹跪請聖主萬安。

雍正二年七月初三日

硃批：朕躬甚安，爾好麼，爾父身體甚健壯，全家均好，京城內外甚太平。

〔171〕川陝總督年羹堯奏報引見副將紀成斌摺（雍正二年七月十八日）[3]-1580

撫遠大將軍太保公川陝總督臣年羹堯謹奏，為奏聞事。

准今年六月二十二日賫回諭旨，今西寧軍務既已完竣，命副將紀成斌經驛站往京城引見，欽此欽遵，臣率紀成斌，咨行奮威將軍岳鍾琪，今紀成斌於七月十七日抵至西安，除休整數日，於二十二日經驛站遣往京城外，伏乞事先諭該部，俟紀成斌抵達後帶來引見，為此謹奏以聞。

雍正二年七月十八日

硃批：該部知道。

〔172〕川陝總督年羹堯奏報晉封頗羅鼐並賞賜有關効力人員摺（雍正二年七月十八日）[3]-1581

撫遠大將軍太保公川陝總督臣年羹堯謹奏。

據理藩院奏稱，議政大臣等覆議內稱，駐藏內閣學士鄂賴具奏，請對坡羅台吉頗羅鼐另施恩，請對隨康濟鼐効力之拉藏汗屬厄魯特阿里克等處唐古特第巴等共三十二人酌情嘉賞。再施恩封賞拉達克汗〔註447〕之處，大將軍年羹堯始終辦理西藏事務，既然稔知，封拉達克汗之事咨行大將軍，或即封汗號連同封郡王，或咨行鄂賴轉詢拉達克汗之意，再將應封之處經議定具奏到來時再議，賜頗羅鼐等扎薩克一等台吉銜及議賞隨康濟鼐効力三十二人之處，亦咨行大將軍，詳議具奏等情等因具奏前來。竊臣查得封頗羅鼐等為扎薩克一等台吉，賞網，對隨康濟鼐効力三隊三十二人分隊賞賜之處，均照議政大臣等所議，對此三十二人賜伊等頭銜事咨行駐藏內閣學士鄂賴等，轉由達賴喇嘛領據，亦按所編三隊賜以頭銜。又查得拉達克汗係助康濟鼐効力之人，康濟鼐封

〔註446〕《年羹堯滿漢奏摺譯編》滿文第一五四號文檔作雍正二年七月初一日。

〔註447〕《欽定外藩蒙古回部王公表傳》卷九十一頁二十九作尼瑪納木扎勒，《拉達克王國史 950-1842》頁一七二作尼瑪南傑，康熙三十三年至雍正七年在位。

為貝子，今若將拉達克汗逾封康濟鼐銜，康濟鼐灰心，倘將拉達克汗與康濟鼐封為同等銜，伊又以伊為國汗，雖封之未必感恩，故此臣之意暫免封拉達克汗，依議政大臣等議降旨，嘉賞絲綢等物，嗣後拉達克汗復有顯著効力之處再予晉封，伏請聖裁，為此謹奏。

雍正二年七月十八日

硃批：議政大臣等議奏，議政處議，已照爾所奏施行。

〔173〕川陝總督年羹堯奏報從布隆吉爾撤兵摺（雍正二年八月初五日）[3]-1617

撫遠大將軍太保公川陝總督臣年羹堯謹奏，為奏聞事。

切臣先曾咨飭都統噶爾弼，布隆吉爾牧場狹窄，滿洲蒙古兵營馬畜多綠旗兵中馬少，總兵官李堯現又率綠旗兵一千前往布隆吉爾，既然足需，將在布隆吉爾之滿蒙兵撤退一千二百等情，今噶爾弼來報，查在布降吉爾之護軍、烏拉、索倫、察哈爾、喀爾喀、厄魯特兵共一千五百七十六名，其內除往色爾騰軍中駐臺之六百五十五名兵丁外，著布隆吉爾所餘烏拉、索倫、察哈爾、喀爾喀、厄魯特共八百七十五名兵於七月初十日始撤，再著所餘之護軍等，俟往色爾騰軍中護軍等事竣共同撤之等語。故此臣復咨飭都統噶爾弼，今既然烏拉蒙古八百餘兵撤退，著將現在布隆吉爾之翼長營長侍衛章京留足，其餘均撤之等因交付，俟此撤回之侍衛官員等名單送至後再另報部，為此謹具奏聞。

雍正二年八月初五日

硃批：該部知道，已諭部存案矣。

〔174〕川陝總督年羹堯奏報陝西貴德堡等處太平摺（雍正二年八月初五日）[3]-1618

撫遠大將軍太保公川陝總督臣年羹堯謹奏，為奏聞事。

切查青海逆匪西寧附近諸地番賊等今均已剿滅安定，惟從陝西省貴德堡，自河州至四川松潘之邊外間盧邵、崇庫勒、下澤蓋等番賊仍不安分，臣竊思雖不可不及時將此等剿滅，惟為此股小匪專差大軍又不值，然在西寧時曾同奮威將軍岳鍾琪商議，四川大軍後撤，順路酌情圍剿降服等因。今岳鍾琪來報，除留於西寧之四川一千二百名官兵外，其他諸營兵一千四百及諸處土司兵均著

遵義副將張育、衛茂營參將張元左〔註448〕管轄，自貴德堡河州撤回四川，順路教化番民，又著河州副將岳朝龍攜二百兵會合招服等因，各自咨飭內，續該副將張育等呈文稱，五月二十日率四川之綠旗土司官兵，自西寧啟程，出邊關經貴德堡路進，雙棚、竄都、尚楚、古大沖、阿巴拉此五處番子頭目紛紛率部來投，我等均勸降，查明共三百餘戶，按原處以居。六月初九日抵達薩拉處後土司韓大勇呈報，薩拉屬拉邊一帶居住之回子等原均屬我等土司管轄，羅卜藏丹津反叛以來此等結黨夥，仍出沒肆掠，並不遵法紀，伏乞剿滅伊等等語，且沿途居住之番子等，又告拉邊上下二部回子等仍出掠伊等牛馬財物等情。故此我等即刻率兵於十三日抵達拉邊，差兵往擎回子頭目等，回子等賴伊等所居鋪子之固，閉門不出，且又施放〔註449〕鳥槍，以此我等分率綠旗土司官兵，攻擊拉邊上下二部所居之鋪，自辰至酉時毀其二鋪，大量斬賊等，所餘之老少婦孺均招服，復辦以居。十八日進河州老牙關〔註450〕，攜兵丁口米，二十一日出沙馬關，抵達下澤蓋等處後，下澤蓋，波拉、盧邵、崇庫勒、薩木擦此數處番子等均甚懼怕，沿途陸續投迎大軍，我等仰副聖主好生之至意，均予收納，將先後共降服六千三百餘戶，另造冊呈遞等情，今既將此等回番均滅降，嗣後自貴德堡至河州松潘沿途均甚太平矣，歸服之戶口冊送來後臣再送部外，為此謹具奏聞。

雍正二年八月初五日

〔175〕川陝總督年羹堯奏轉謝恩摺（雍正二年八月十五日）
[3]-1641

撫遠大將軍太保公川陝總督臣年羹堯謹奏，為代奏謝恩事。

據奮威將軍岳鍾琪來文內開，河州副將岳朝龍呈稱，雍正二年七月二十三日由大將軍處送來上賞我之裘褂襖內製藥，臣即迎進衙門恭設香案，望闕謝恩外，伏思岳朝龍我乃一甚愚昧之人，世代蒙受至厚之恩，雖如何効力竟不能報答，聖主施鴻恩將我從遊擊薦拔為副將，今我隨大軍未効微末之力，主復施恩賞裘服藥品，將我不勝感激謝恩之情伏乞轉奏等情到臣，為此謹代奏。

雍正二年八月十五日

硃批：知道了。

〔註448〕《四川通志》卷三十二頁三十六作威茂營參將張元佐。
〔註449〕原文作「矜放」，今改為「施放」。
〔註450〕常寫作老鴉關。

〔176〕川陝總督年羹堯奏報調兵圍攻克利亞之羅卜藏丹津摺 （雍正二年八月十五日）[3]-1642

撫遠大將軍太保公川陝總督臣年羹堯謹奏，為欽遵上諭事。

雍正二年六月二十一日臣具奏稱，奮威將軍岳鍾琪解來達賴喇嘛之使臣，及被盆蘇克旺札勒等三十三台吉拿獲之根都札布等返回，觀所告之語，羅卜藏丹津今甚困迫，棲身於克利亞等處是實，臣自西寧啟程前即聞羅卜藏丹津棲於克利亞等處，因無實據故未奏聞，惟三十三戶台吉等係顧實汗兄弟子孫，原人少，被羅卜藏丹津威取，現羅卜藏丹津既然身在伊處，定歸服伊，此三十三台吉等男丁雖均弱，總力不足一千男丁，歸服我等之盆蘇克旺札勒等均駐伊等周圍，倘侵歸我等眾亦有關係處，等因思之，故一面咨行在藏之內閣學士鄂賴、總兵官周瑛等由藏備兵，往剿克利亞等處之羅卜藏丹津外，一面令在西寧官兵之馬匹均不准出牧群，現成以備，渡過蚊虻之際，自七月二十日揀選足兵，乘駄之馬畜有餘，遣往克利亞等處，並由布隆吉爾亦遣兵，向噶斯會迎西寧之大軍，共三路逼拿羅卜藏丹津。竊查克利亞在藏之東北、噶斯之西南面，由準噶爾往藏之岔路距康濟鼐處惟五日路程，若往準噶爾其間有五百餘里戈壁，速行三日方能過，羅卜藏丹津被迫無奈往尋準噶爾，今思之，將策妄阿喇布坦執送我等[註451]，倘戈壁大伊不能過，必被我大軍拿獲，故將岳鍾琪解送達賴喇嘛之使臣等及根敦札布等所告之書謄抄，將給羅卜藏丹津、盆蘇克旺札勒等三份蒙古文書一併謹奏覽，等因具奏。本年七月初八日奉硃批，青海事成乃甚好，或拿獲羅卜藏丹津一人或未拿獲無甚關係，克利亞係策妄阿喇布坦邊界，西寧至彼處路甚遙遠，羅卜藏丹津若至彼處必往投策妄阿喇布坦，亦如同亡矣，我軍若抵呼呼達罕、吉斯肯都魯、恩欽都魯等處，再勿深追，枉費心機，惟三十三家台吉等均係顧實汗兄弟子孫，力量單薄，歸化之心甚切，將伊等謹慎收服方妥，欽此欽遵。臣即咨飭奮威將軍岳鍾琪、領兵總兵官等欽遵上諭，共同協辦等因，今岳鍾琪復報書稱，臣現由在西寧軍內揀選總督標下營兵六百名固原寧夏兵四百名西寧兵一千十二名四川兵六百名，再新歸服之謝勒蘇人仰不斬伊等之恩，情願歸服大軍効力，臣亦遣謝勒蘇兵二百名，惟追賊時步兵不乘馬則不可，今年二月依征青海之例由西寧所秣馬內，每兵選給乘馬一匹駄軍被等物馬一匹，西寧總兵官標下營兵仍不足七百駄馬，辦給伊屬諸營之馬匹，又將西寧之軍遣派一千，於柴達木、布

───────────────

〔註451〕此句翻譯文意不通，意為「策妄阿喇布坦將執之以送我等」。

喀等處揚威分駐，此往駐之兵不可與進剿之兵相比，二人各該一馬，復將西寧總兵官標下諸營之馬匹辦給五百，將共遣出之綠旗上司兵四千十二名官八十一員隨從三百零三人交西寧總兵官黃喜林、寧夏總兵官王松共管，今年七月二十六日自西寧啟程。令陝西都司靳建〔註452〕隨此軍運至一百日餉米，令西寧道員趙世錫給一百日塩菜銀。再青海察罕丹津駐者遙遠不計之外，其他諸王台吉等，其一觀伊等歸降之誠意，其二知與羅卜藏丹津斷絕，情願援兵報效等因反復請求，伊等平均差遣共蒙古兵二千，我即飭交副都統達鼎督管，共同遣之等情來報。臣前又遣布隆吉爾副都統阿育錫〔註453〕總兵官孫繼宗副將劉紹宗率滿洲綠旗官兵由色爾騰抵達得卜特爾〔註454〕，會西寧兵共同進攻等因交付，為此謹奏。

雍正二年八月十五日

硃批：議政大臣等，該部知道。

〔177〕川陝總督年羹堯奏報遵旨傳宣上諭於各處喇嘛摺（雍正二年九月十七日）[3]-1703

撫遠大將軍太保公川陝總督臣年羹堯謹奏，為欽奉上諭事。

雍正二年九月初十日准理藩院咨文內開，我部為向外藩眾扎薩克、喇嘛等禁宣之上諭，向喀爾喀、厄魯特之扎薩克等亦宣亦禁之處，請旨具奏。奉旨，向喀爾喀旗等亦宣，謄抄宣示厄魯特處之上諭咨行大將軍年羹堯，應否傳宣之處命年羹堯酌情議奏，欽此欽遵。乃謄抄上諭一件發之等情。臣欽惟上諭，不僅所行暴亂之喇嘛，雖屬誠意勤究佛法之喇嘛等，亦未聞如此之深論，查初定青海之厄魯特等且伊等原為相信喇嘛之人，每家均駐有喇嘛等，及陝西省沿邊喇嘛廟亦甚多，臣伏乞攜刷印之上諭三百張普遍宣諭，為此謹奏。

雍正二年九月十七日

〔178〕川陝總督年羹堯奏轉青海蒙古謝恩奏疏摺（雍正二年九月二十二日）[3]-1711

臣年羹堯謹奏。

〔註452〕《陝西通志》卷二十三頁四十九作陝西掌印都司金鑑。
〔註453〕《平定準噶爾方略》卷七頁三十作一等侍衛阿玉錫，卷九頁十二巴爾虎侍衛阿玉錫授為副都統。
〔註454〕《欽定西域同文志》卷十四頁二十五載，得布特爾，蒙古語謂水草肥美之地，今青海省格爾木市烏圖美仁鄉一帶。

雍正二年九月二十二日臣接到自副都統達鼐處送來之郡王塞布騰扎爾〔註455〕、貝子噶爾丹戴青〔註456〕，公阿喇布坦〔註457〕等謝恩蒙文奏疏三件，臣除連封皮送理藩院譯出轉奏外，為此謹奏以聞。

雍正二年九月二十二日

硃批：知道了。

〔179〕川陝總督年羹堯奏請增派滿蒙官員駐寧夏摺（雍正二年十月十三日）[3]-1742

撫遠大將軍太保公四川陝西總督臣年羹堯謹奏，為議奏寧夏駐滿洲兵事宜事。

查得請於寧夏派駐滿洲兵丁等情，臣與平逆將軍貝勒延信會議具奏，奉旨准行在案，臣以西寧事竣親臨寧夏，於地方形勢，從該處應得錢糧權衡熟慮，請於寧夏設將軍一員副都統二員滿洲協領四員蒙古協領二員，每旗為滿洲佐領二員蒙古佐領一員，每佐領為閒散章京一員驍騎校一員，八旗共駐兵二千二百名，其中槍手一千二百名弓手八百名。查得我駐省城之滿洲兵丁向無炮位，今試用之，炮係極其威武緊要之兵器，相應請增添子母炮四十尊，以每炮用兵五名計共為炮手二百名。又查得凡駐省城之兵丁各令拴馬三匹，寧夏地方距近邊塞，駝隻甚宜，相應請每馬甲各令拴馬二匹，二人合拴駝一隻，馱負炮彈、藥等物，以每炮用駝二隻計共需馬四千四百匹，駝一千一百八十隻，一駝頂二馬，且草料錢糧又省稍許，再於寧夏所修滿洲兵丁之城，在寧夏城外另築，守城巡查街道不可無人，相應請於八旗增添步甲一千二百名，作為槍手八百名弓手四百名，挑取此步甲時，務使另戶一半本戶一半，請於左右二翼各添設閒散章京一員，以管帶步軍看守城池倉庫，馬甲之中以才優者揀選前鋒，照西安之例每月支給錢糧三兩，挑選此前鋒時請以槍弓均勻取之，若係二種器械皆能用者聽其自便。寧夏既駐滿洲兵丁，請設理事同知一員，同知衙門內一應事項皆如定例，於寧夏所修衙署房屋，今雖能得，然初築城垣，不可不固之又固，緣

〔註455〕《蒙古世系》表四十三作色布騰札勒，準噶爾部巴圖爾渾台吉孫，父卓特巴巴特爾。

〔註456〕《蒙古世系》表三十七作噶爾丹岱青諾爾布，顧實汗圖魯拜琥第六子多爾濟之孫，父薩楚墨爾根台吉。

〔註457〕郡王察罕丹津之婿，《蒙古世系》表四十三作阿喇布坦，父納木奇札木禪，祖卓哩克圖和碩齊，曾祖巴圖爾渾台吉。

此明年四月方可告竣，是以應派駐寧夏之滿洲蒙古官弁馬甲二千二百名步甲六百名，請自明年二月編為二起派駐寧夏，為此謹奏請旨。

雍正二年十月十三日

硃批：依所奏，著總理事務王大臣、該旗大臣會同大將軍年羹堯選出以奏。

〔180〕川陝總督年羹堯奏請阿保兄弟遷居旨摺（雍正二年十月二十二日）[3]-1751

撫遠大將軍太保公川陝總督臣年羹堯謹奏，為請旨事。

據多羅郡王額駙阿保等呈文內稱，自我祖顧實汗以來直至我等本身荷蒙聖祖皇帝之殊恩，度日安逸將及百年，因我青海兄弟之福祿已盡，不能承受聖主之重恩，肇不當肇之大事，乃聖主派出大軍將彼等即行消滅，理應將青海人等不留一人，蒙聖主憐憫顧實汗，恐絕其嗣，於青海諸台吉內留一二人〔註458〕，俾其駐寧〔註459〕遊牧，今伊等雖懾於聖主之威無力妄肇事端，但青海人等之心意究不可信，我世受聖主之恩至重，又將我不才之軀舉為額駙，及於郡王，於此大恩，竟無所報効，我阿保請於青海地方恤賞一塊地方居住，如此則我青海之人不敢啟叛逆之心，且可探得一切消息以聞，倘若准我居住，則我母我嫂皆已年老且殘疾，再我屬下人等無力遷移者亦多，是以請將能移之人移去分地居住，不能遷移之人請於我子弟內暫派數人管帶，駐守遊牧，將來從容遷移，皆陸續帶往，將我區區之見若大將軍眷佑，伏乞轉奏等語。該臣看得額駙阿保誠心實意欲為國家効力，甚屬可嘉，原貝子丹忠〔註460〕所住之地幅員遼闊，現已空出，額駙阿保之兄弟皆在青海居住，請將額駙阿保即安置於丹忠所住之地，唯其屬下之人窮苦者甚多，無力遷移，故此遷移所需之牲畜廩給等物如何辦給之處，請皇上諭理藩院詳議具奏，咨文該臣時再行辦理，為此謹奏請旨。

雍正二年十月二十二日

硃批：著該部即行議奏。

〔181〕撫遠大將軍年羹堯等奏薦知府摺（雍正二年十一月初五日）[3]-1760

吏部謹奏，為遵旨揀選知府事。

〔註458〕「一二人」幾字硃筆改革為「將罪輕之人，皇上寬免」。

〔註459〕「住寧」二字《年羹堯滿漢奏摺譯編》滿文第一六三號譯作「住守」。

〔註460〕《蒙古世系》表三十九作丹忠，顧實汗圖魯拜琥第五子伊勒都齊曾孫，父根特爾，祖博碩克圖濟農。

雍正二年十月二十五日臣部具摺子奏稱，湖南辰沅靖道員之缺伏乞諭九卿於現任給事中監察御史郎中內揀選三人引見奏補等情，本日奉旨，著以祖秉珪〔註461〕補放，祖秉珪之缺著吏部大臣與大將軍年羹堯，不論內外官員保奏二人，欽此欽遵，該臣等看得淮安府知府之缺至為重要，今候補候選之人內臣部會同九卿多次揀選，奉旨委用，其剩餘之人多年輕捐納者，即各部院之員亦多次蒙皇上格外之恩，簡用於道員知府，所餘之人或不及揀選，或接任未久，一時難得勝任之員，今大將軍年羹堯所舉，因入藏而議敘於同知應陞之缺晉一級而於副使道員即行委用之現任四川榮縣知縣王國祥〔註462〕年輕力強，辦事尚可，該臣等查得議敘事件檔冊，記其勤奮効力事宜，為此會同開列職名謹奏請旨。王國祥鑲黃旗隨公，現任四川榮縣知縣。康熙五十九年二月計俸陞補湖南岳州府同知，是年三月初九日奉旨以同知原品留於本任，康熙六十年四月議敘入藏軍功，於同知陞應〔註463〕之缺晉一級，視伊班副使道員出缺即行委用。

雍正二年十一月初五日

撫遠大將軍太保公川陝總督臣年羹堯

太保吏部尚書兼理理藩院事務統領公國舅臣隆科多

太子太傅吏部尚書兼都察院左都御史加二級臣朱軾

左侍郎加二級臣巴泰

經筵講官左侍郎兼翰林院學士加一級臣史貽直

右侍郎加二級紀錄十二次臣沈近思

〔182〕川陝總督年羹堯奏報夔州副將因病請假摺（雍正二年十一月初八日）[3]-1765

撫遠大將軍太保公川陝總督臣年羹堯謹奏，為奏聞事。

據靖逆將軍富寧安咨文內稱，據四川所屬夔州副將陳俊〔註464〕呈稱，職陳俊於本年六月猝發痰咳病，手足麻痛不能動彈，職陳俊現又管帶我原先帶來之官兵，因不能動彈難以辦事，所關至巨，請准解任養病等情，將此俟大將軍如何裁定咨文時遵照實行等情，咨文到臣，該臣以副將陳俊患痰咳病，不能動彈，

〔註461〕此人正確名為祖秉圭。

〔註462〕《四川通志》卷三十一頁七十三作榮縣知縣王國相。

〔註463〕「陞應」應為「應陞」之誤。

〔註464〕《四川通志》卷三十二頁五十三夔州協副將無名陳俊者。《甘肅通志》卷二十九頁三十五有固原提標中營參將陳俊，康熙五十三年任，應即此人。

難以辦事，除劄行靖逆將軍富寧安將其派往關內養病外，該臣覽陳俊所呈，伊委實不能辦事矣，夔州副將之缺極為重要，伏乞聖主諭該部揀選奏補派遣，為此謹具奏聞。

雍正二年十一月初八日

硃批：此缺著大將軍年羹堯保題，該部知道。

〔183〕川陝總督年羹堯奏請補授知縣摺（雍正二年十一月十二日）[3]-1768

太保公川陝總督臣年羹堯謹奏，為請補知縣事。

該臣先奏請以西安府所屬咸寧縣知縣閻士俊〔註465〕補放河東之運同，奉旨准行，欽遵在案。查得咸寧縣係省城第一縣，滿洲漢人雜居，事務又繁多，知縣一員必人有才幹方能勝任，看得臨潼縣原知縣為晉陞同知捐納之朱彤才幹精明，令派其監修河陽縣〔註466〕夏陽川、方鎮二處兵丁居住之房屋，朱彤盡心辦事，實有才幹之員，請將朱彤以同知原品暫補咸寧縣知縣，將來晉陞時，仍視其原品晉陞，為此謹奏請旨。

雍正二年十一月十二日

硃批：著照所奏，該部知道。

〔184〕川陝總督年羹堯奏報查看兵器情形摺（雍正二年十一月十二日）[3]-1769

撫遠大將軍太保公川陝總督臣年羹堯謹奏，為奏聞事。

該臣看得兵器之中莫要於火器，此次出師青海頗得益於槍炮，是以該臣自力製造子母炮一千二百尊，將此該臣請帶回後酌情分給滿洲綠旗各營，將原有之炮收存於庫，事關兵器理應奏聞，為此謹具奏聞。

雍正二年十一月十二日

硃批：該部知道。

〔185〕川陝總督年羹堯奏請揀員補放夔州副將等缺摺（雍正二年十一月十四日）[3]-1777

撫遠大將軍太保公川陝總督臣年羹堯謹奏，為欽奉上諭事。

〔註465〕此人正確名為嚴士俊。
〔註466〕即郃陽縣，今陝西省合陽縣。

據兵部咨文內稱，據撫遠大將軍太保公年羹堯奏稱，靖逆將軍富寧安以四川夔州副將陳俊於本年六月猝發痰咳病，手足麻痛不能動彈，甚難辦事等情咨文到臣，該臣除劄行靖逆將軍富寧安將副將陳俊派至關內養病外，該臣看得夔州副將之缺極為重要，伏乞聖主諭該部揀選奏補等因，奉硃批，此缺著大將軍年羹堯保題，該部知道，欽此欽遵咨行等語。又據咨文內稱，兵部尚書盧詢、侍郎欽拜、楊汝穀進見奉旨，浙江黃巖鎮總兵官林達之缺著以廣西潯州副將馮廷福補放，馮廷福之缺著以廣東肇慶府水師營參將唐寬補放，唐寬之缺著以浙江黃巖鎮水師左營遊擊陳憲補放，浙江台州副將蔡良、江南鉛山營遊擊楊豐啟〔註467〕，其大將軍年羹堯帶往試看，浙江台州副將之缺、江南鉛山營遊擊之缺，其交大將軍年羹堯，以其所知之人揀派補放，欽此欽遵咨行等語。該臣查得陝西提標中營參將張儀〔註468〕、廣夏廣武營遊擊閻智鼎〔註469〕出兵青海極其効力且人才優秀，辦事亦可，四川夔州副將之缺請以張儀補放，浙江台州副將之缺請以閻智鼎補放，寧夏同心城守備田茂人才優秀，熟練幹事，江南銅山營遊擊之缺請以田茂補放，張儀等三缺除該臣行抵西安再行選人，另本題補外，為此謹奏。

雍正二年十一月十四日

硃批：該部知道。

〔186〕川陝總督年羹堯奏報拿獲番賊解京摺（雍正二年十二月二十二日）[3]-1835

撫遠大將軍太保公川陝總督臣年羹堯謹奏，為奏聞拿獲逆賊解京事。

將奮威將軍公岳鍾琪處拿獲之賊丹津渾台吉〔註470〕、其妻索諾木蘇、子固木布、羅布桑丹津〔註471〕之姊舍精、其女額布根，派正黃旗察哈爾藍翎德勒格爾、鑲白旗護軍委章京明德、正紅旗察哈爾護軍委護軍校岱噶勒、千總董芳率帶蒙古兵二名綠旗兵十名於十二月十三日送抵西安，查得丹津渾台吉係受封於我朝之人，乃於布隆吉爾地方為首作亂，情甚可惡，今拿獲解送，該臣仍交原解來之察哈爾藍翎德勒格爾等於十二月十六日自西安起程解京，除行

〔註467〕應為江南潛山營遊擊楊鳳起，本文檔鉛山皆為潛山之誤。
〔註468〕《四川通志》卷三十二頁五十三作夔州協副將張翼，據此摺即此人補四川夔州協副將。
〔註469〕《甘肅通志》卷二十九頁八十作廣武營遊擊閻之鼎。
〔註470〕即丹津黃台吉，公丹津，待考。
〔註471〕為羅卜藏丹津之誤。

抵後由兵部轉奏等情，已咨行兵部外，為此謹具奏聞。

　　雍正二年十二月二十二日

　　硃批：已遣通智。

〔187〕川陝總督年羹堯奏請賞賜喇嘛羅卜藏堅巴勒敕書摺（雍正二年）[3]-1840

　　撫遠大將軍太保公川陝總督臣年羹堯謹奏，為請旨事。

　　竊查康熙五十九年大軍進入西藏，類烏齊地方陳勒呼圖克圖阿旺札布、嘉樹班噶勒地方班噶勒納木加林廟喇嘛羅卜藏堅巴勒等，凡我等交付之事誠意勤辦，並無誤官差，故臣於雍正元年抵達京城祈頒賞伊等敕書，益曉誠心効力等情奏後，聖主施恩准行，彼時惟知陳勒呼圖克圖阿旺札布之名所居地方廟名，即頒與伊敕書，遣人送往，因不知嘉樹班噶勒之喇嘛羅卜藏堅巴勒之名所居地方廟名，咨行管理打箭爐稅務之喇嘛粗勒齊木藏布〔註472〕令查此名送來。今喇嘛羅卜藏堅巴勒呈文內稱，我居地方名嘉樹班噶勒，廟名班噶勒納木加林，先大軍進入西藏，委我之事均盡能辦理，並無耽擱，聖主頒賞我敕書後我管束此處之人，均可易當官差，故按臣之往查，即將伊名所居地方廟名繕明解送，祈聖主諭該部，頒賞喇嘛羅卜藏堅巴勒印敕，如此此等眾人感念奇恩，益加恭順効力，誠意圖報，為此謹奏請旨。

　　硃批：已交部，諭岳朝龍補授和州〔註473〕副將。

〔188〕撫遠大將軍年羹堯奏報南坪等地番民起事緣由摺（雍正三年正月十四日）[3]-1877

　　撫遠大將軍太保川陝總督年羹堯謹奏，為報明事。

　　雍正二年十二月二十日據鞏昌府文縣知縣王國柱、文縣營守備張金邦詳稱，十二月初九日據四川會隆城塘兵郭敬宗、正羌塞〔註474〕守兵王來祖稟稱，初八日南坪一帶地方番子勾結陽峒〔註475〕番子反叛，沿途焚燒塘兵房屋，圍阻

〔註472〕《大清一統志》（嘉慶）卷五百四十七載，康熙五十六年遣喇嘛楚兒沁藏布蘭木占巴、理藩院主事勝住等繪畫西海西藏輿圖。《平定準噶爾方略》卷八頁十六作喇嘛楚兒沁藏布喇木占巴。此喇嘛與主事勝住於西藏地理考察及地圖測繪史上為重要之人物。

〔註473〕和州為河州之誤，即今甘肅省臨夏州。

〔註474〕「塞」應為「寨」之誤。

〔註475〕常寫作羊峒，今四川省九寨溝一帶藏人部落。

南坪守備孟吉憲等情，卑職張金邦當即派遣千總馬超群把總魏成侯各率兵丁防守要隘等因。臣查得南坪、陽峒等地位於陝西四川兩省交界處，距西安遠離西寧近，臣一面咨文交付振威將軍〔註476〕公岳鍾琪派洮岷營副將張元佐〔註477〕、署理松潘總兵官事務副將張英酌情率兵前往南坪地方查詢番子反叛緣由，揪出倡亂之人，若抵抗不從，則當即進剿等因，一面咨文四川甘肅巡撫，速遣員酌撥錢糧，配足所調兵士沿途口糧馬料等因。嗣據振威將軍公岳鍾琪呈稱，據四川石全營守備孟吉仙〔註478〕稟報，卑職與中江縣典史徐乾一道擇日於十二月初八日始建南坪城，初七日晚通事春磬來告，南坪、陽峒等地番子皆有反意，來攻爾等等情，當夜番子們即吶喊而來，包圍四面即動武，戰至翌晨我軍箭隻用盡，只得執刀砍殺，分路突圍，且戰且退，至哈西口番子追來，又廝殺一陣，斬殺番子數十人番子方退，我等至正羌寨查點士兵陣亡三人負傷十一人，典史徐乾家一人亦陣亡等情。又據署理總兵官事務之副將張英〔註479〕稟報，卑職十二月十二日聞得南坪地方番子反叛消息，當日令右營遊擊劉平漢〔註480〕率六百兵丁於十五日先行出發增援，卑職旋即提調三千四百兵丁於二十二日親率出發等情，臣即行飭洮岷營副將張元佐率綠旗兵八百土司兵四百急赴南坪，與張英會合進剿等因。該臣查得南坪地方之番子前不歸化，胡亂妄行，康熙六十一年派兵招降，南坪地方位於四川陝西二省交界處，十分重要，臣即與提督岳鍾琪商議在南坪地方修城駐兵設防，俾使永寧，經雍正元年二月二十五日奏入，奉旨准行在案，此二年並無事，太平安居，況且南坪地方有數千番子而地面不大，何以突生反叛之心，因反叛緣由臣未查明不能具奏，故咨文四川巡撫往查。今據四川巡撫王景灝報稱，十二月二十二日據中江縣典史徐乾抵成都府稟稱，本月初五日上陽峒潘新寨為首喇嘛聚集眾番聲稱，我等此處本無城郭，從不駐兵，今如築城駐兵，我等不能任意行動矣，十二月十二日去搶南坪地方等語，初七日下陽峒通事春磬來告我等方得知，伊等發覺春磬遞訊，初七日夜即來攻，得我等築城所用什物全部放火焚燒等情。該臣看得南坪等地番子前已歸順，今因築城又變心反叛，甚是討厭，今已調撥川陝之兵，竊念半月之間可蔵事，事定後另行奏報外，南坪等地番子反叛緣由及調兵出發情形，恭謹奏聞。

〔註476〕應為奮威將軍。
〔註477〕《甘肅通志》卷二十九頁二十九作洮岷協副將張元佐。
〔註478〕本書第二部分年羹堯漢文摺第二十四號作千總孟繼先，應即此人。
〔註479〕《四川通志》卷三十二頁四十七作永寧協副將張瑛。
〔註480〕《四川通志》卷三十二頁三十五作松潘鎮標右營遊擊劉屏翰，雍正元年任。

雍正三年正月十四日

〔189〕川陝總督年羹堯奏報原工部員外郎劉袞等獻銀築城事摺（雍正三年正月十八日）[3]-1881

太保公川陝總督臣年羹堯謹奏，為奏聞事。

雍正三年正月初十日據原任工部員外郎山西洪洞縣人劉袞，候員外郎缺之劉昌呈文內稱，伏惟聖主安內撫外，平定青海，又於西寧邊外松潘打箭爐等地築城以為屏障，凡為臣之人均應効力，下官幸逢盛世，太平安居，感戴聖主之恩，並無報効之處，願捐獻二十萬兩銀，於修城稍有補益，以盡微忱等因，將銀已帶來西安府。臣觀其呈文願為公効力，言辭懇切，即交付布政使諾木渾〔註481〕存庫，查得既然松潘打箭爐地方駐兵築城需用銀兩，伏乞將劉袞等所獻銀兩，聖主睿鑒敕部施行，由部咨文後臣派員將劉袞等所獻銀兩送交四川巡撫王景灝備用，謹此奏聞請旨。

雍正三年正月十八日

硃批：該部議奏。

〔190〕川陝總督年羹堯奏報解遞盜賊抵西寧〔註482〕日期摺（雍正三年正月十八日）[3]-1882

撫遠大將軍太保公川陝總督臣年羹堯謹奏，為奏聞事。

理藩院郎中通智於山西省壽陽縣地方遇拿解之賊丹津〔註483〕等，於雍正三年正月十七日帶至西寧〔註484〕，該臣欽遵諭旨將丹津等交與千總董芳，於本月十八日自西寧〔註485〕起程解往西寧，俟行抵後將丹津、其子固木布仍如去年會盟將逆賊正法之例正法可也，將丹津之妻索諾木蘇、羅卜藏丹津之姊舍精、其女額布根賞給軍前効力之大員可也等情，業已劄行振威將軍公岳鍾琪外，為此謹具奏聞。

雍正三年正月十八日

硃批：知道了，正法之後，著引旨於本具題。

〔註481〕《清代職官年表》布政使年表作陝西布政使諾穆渾。
〔註482〕「西寧」應為「西安」之誤。
〔註483〕即丹津渾台吉，公丹津，待考。
〔註484〕「西寧」應為「西安」之誤。
〔註485〕「西寧」應為「西安」之誤。

〔191〕撫遠大將軍年羹堯奏報籌措青海駐軍軍費摺（雍正三年二月初一日）[3]-1898

撫遠大將軍太保公川陝總督臣年羹堯謹奏，為奏明事。

去年臣在西寧時留銀用於軍需存儲於西寧道庫之處，業經報部在案，今據辦理西寧錢糧道趙世錫報稱，存庫銀兩經陸續使用今所餘無多等情。查得西寧仍駐軍，若不予籌錢糧接濟則需用之時耽誤亦未可料，故此臣將西安布政使庫銀動支五萬兩於正月二十日啟程解運，動支庫銀之事理應具奏，謹奏，伏請聖主敕諭該部在案，銷算錢糧之時奏銷，謹此奏明。

雍正三年二月初一日

硃批：著該部知道。

〔192〕川陝總督年羹堯奏請邊界險要設立軍營摺（雍正三年二月初一日）[3]-1899

撫遠大將軍太保公四川陝西總督臣年羹堯謹奏，為邊塞要地設立軍營以久安事。

據振威將軍公岳鍾琪呈文內稱，桌子山棋子山等山向係賊匪棲息之地，職經詳勘盡知地方情形，惟塔拉都川地方東近莊浪西通七道林、仙密寺〔註486〕，四面山上皆密林，賊匪易於藏身，是故先前賊匪出入皆行山路，今雖已肅清，然為日既久，賊匪又漸漸聚集為亂亦非可料，是以請於塔拉都川有水之地設遊擊一員千總一員把總二員，駐馬步兵五百名，仙密寺地方設守備一員把總一員駐馬步兵三百名，二營共駐兵八百名，此駐紮時請裁涼州總兵官所屬高固城營遊擊一員千總一員把總二員馬兵一百名，南把截堡之馬兵三十名，惠山堡營之馬兵十五名，新城堡之馬兵四十名，高溝堡之馬兵十五名，高固城營之步戰兵五十名，肅州總兵官所屬永固城步戰兵七十七名，大馬營之步戰兵五十名，洪水營之步戰兵二十三名，涼州總兵官所屬高固城營守兵二十名，新城堡之守兵七十名，高溝堡之守兵十名，以上共裁馬步兵五百名，移駐塔拉都川。請於仙密寺設守備一員把總一員，駐馬步守兵三百名，此駐紮時請裁涼州總兵官所屬高溝堡之守備一員，赫松堡之把總一員馬兵五名，上固城之馬兵五名，肅州總兵官所屬赫成營之馬兵一百一十名，涼州總兵官所屬赫松堡之步戰兵二十名，肅州總兵官所屬赫成營之步戰兵七十六名，洪水營之步戰兵十名，涼州總兵官

〔註486〕常寫作仙米寺，位於今青海省門源縣仙米鄉。

所屬鎮羌營之守兵七十二名，肅州總兵官所屬洪水營之守兵二名，以上共裁馬步兵三百名，移駐仙密寺。如此則賊匪可息，而民得以守生，於地方亦大有裨益等語。該臣等查得先以棋子山等處甚屬緊要，此陡山密林中若不設立綠旗營盤不時巡查，則將來惡番等又進入棲息亦未可料，故何處可以立營，應駐兵若干，俟藏事之後臣等再另行議奏等情具奏在案，今振威將軍公岳鍾琪勘察地方情形，請於涼州等處各總兵官屬下之營官兵內裁汰，派往塔拉都川、仙密寺地方據險駐守，以此觀之，既不額外添兵，不多費錢糧，而於事亦將有益，伏乞聖主敕下該部議准，為此謹奏請旨。

雍正三年二月初一日

硃批：該部議奏。

〔193〕川陝總督年羹堯奏報辦理布隆吉爾屯田所需銀兩事摺（雍正三年二月初七日）[3]-1908

太保公川陝總督臣年羹堯謹奏，為奏聞事。

臣前於布隆吉爾地方駐兵種田之處業經奏聞，今兵雖尚未駐滿，本年若不種田則來年兵丁口糧不足，故臣行文交付駐布隆吉爾總兵官孫吉宗〔註487〕，遣派一千兵丁，於布隆吉爾地方種田等因，此種田所需種籽備於肅州，由肅州運至布隆吉爾之租價銀，耕田所需農具車輛牲畜口糧，總計二萬兩銀足夠，故此臣動支西安布政司庫銀二萬兩解送，抵達後交付臨洮府知府辦理，伏乞聖主敕諭該部登記在案，謹此奏聞。

雍正三年二月初七日

硃批：著該部議奏。

〔194〕川陝總督年羹堯奏報青海人編牛彔等事摺（雍正三年三月初三日）[3]-1940

撫遠大將軍太保公川陝總督臣年羹堯謹奏，為欽遵上諭事。

雍正三年二月三十日理藩院侍郎鄂賴到來，口傳上諭，大將軍年羹堯將青海人編制牛彔一事業經具奏，至今尚未具奏編牛彔事，青海人亦應體皇〔註488〕仁施恩賞賜，青海人反叛後大將軍年羹堯當時應示之以威，皆以威招撫，並未施小恩惠，恩威並用方為善，今正值體仁之時。又聞羅卜藏丹津在策妄阿喇布

〔註487〕《甘肅通志》卷二十九頁二十三作鎮守安西總兵官孫繼宗。
〔註488〕此處輯者補「皇」字。

坦處，策妄阿喇布坦甚善待之，由此看來伊特為招徠青海人矣，青海人聞此胡亂逃入策妄阿喇布坦處，難可逆料，伊等若逃入策妄阿喇布坦處，於策妄阿喇布坦能增幾多力量，雖然如此，我方之人我方若不加保衛，致使脫逃，所關甚要，將此爾與大將軍年羹堯商議，俾無以為生之貧民得生計，得賞賜，議奏後朕施仁恩賞賜示眾，應急編牛彔，若編牛彔，查時亦易，欽此欽遵。臣等欽惟聖諭甚是，甚為周詳，欽遵聖主降諭而行，青海人思念聖祖仁皇帝及伊祖顧實汗〔註489〕，令伊等榮耀，皆冊封為王貝勒貝子公，每年施恩賞賜，因羅卜藏丹津負恩背叛，聖主將卑臣年羹堯為大將軍派遣，臣以威招撫，並未施小恩惠，今伊等既為我方之人，對伊等理應不分內外一視同仁，施恩示恤，若施恩則伊等皆知天朝之仁威，既感念且恐懼，嗣後伊等皆得生計，永遠安居，無有二心。查得副都統達鼐將青海人編制牛彔之事，均籌措備辦，惟青草尚未出，等候青草出時即編牛彔，今聖主特遣侍郎鄂賴將青海人編牛彔，聖主賞賜貧民以示恩恤，達鼐既原係掌管此事之人，請鄂賴與達鼐同往青海將青海之人編為牛彔，乘編牛彔之便，查清貧民，聖主鑒察後特遣大臣施恩頒賞，俾永得生計，將此曉諭眾人，賞賜用銀動用正項錢糧，支取五萬兩備用，將需用銀數，賞賜人數均造清冊送來，由臣年羹堯處銷算，為此謹奏。

雍正三年三月初三日

硃批：銀額恐略少，查後再賞，聽聞伊等多艱困，豈稍寬鬆乎。

〔195〕川陝總督年羹堯等奏請撤回駐藏兵丁摺（雍正三年三月初三日）[3]-1945

撫遠大將軍太保公川陝總督臣年羹堯等謹奏，為欽遵上諭事。

雍正三年二月三十日理藩院侍郎鄂賴到來，奉口傳諭旨，年羹堯以請撤藏兵奏於朕，雖駐兵數百名於藏亦屬無用，今青海之事既蔵，撤回甚屬合理，唯察木多不可不駐兵〔註490〕，將提督郝玉麟已撤與否未奏於朕，將此著爾前往與年羹堯商量，於察木多如何駐兵，及藏地甚屬緊要，朕頗擔心，今將撤藏兵，藏地如之何方〔註491〕，故著爾等議奏，欽此欽遵。該臣等會同商議得，

〔註489〕此句翻譯不確，意為「聖祖仁皇帝思青海之人皆為顧實汗之後裔」。
〔註490〕原文作「唯察木多不可駐兵」，文意不通，據《年羹堯滿漢奏摺譯編》滿文第一七二號摺改為「唯察木多不可不駐兵」。
〔註491〕「藏地如之何方」《年羹堯滿漢奏摺譯編》滿文第一七二號文檔譯作「藏地事務如何方可牢固」。

於察木多駐兵之處，今年羹堯既已齎奏，相應不議外，年羹堯先已奏請撤回藏兵，因尚未奉旨，故未撤，臣等詳思，藏地極小，我大軍久駐斷乎不可，縱其唐古特兵輒集守備，亦非長遠之計，是故請撤回藏兵，今既撤藏兵，藏務交與極可靠賢能之人固守方可堅固，查得貝子康濟鼐、阿爾布巴、公隆布鼐、扎薩克台吉頗羅鼐、扎爾鼐〔註492〕等雖皆感戴皇恩効勞，但伊等之中康濟鼐為人頗信實，且有才能，技藝亦優，先前準噶爾策凌敦多布〔註493〕在招地方時康濟鼐係一等閒小第巴，而能抵禦策凌敦多布矣，今蒙皇恩為貝子，駐於阿里克地方，益加揚名，準噶爾青海人等皆頗懼康濟鼐，唯康齊鼐係駐阿里克地方之人，請將康濟鼐停其往駐阿里克地方，留之於藏，一切事務俱交與康濟鼐，令與其餘貝子公等商議辦理，於阿里克地方康濟鼐揀選其所知可靠優良之人派駐可也。自噶斯口經穆魯烏蘇之源通往納克察〔註494〕等處之路，及自噶勒藏呼察〔註495〕以下穆魯烏蘇渡口，呼爾噶俄羅木、拜圖〔註496〕、多倫俄羅木〔註497〕、庫庫賽爾〔註498〕等處，輪番設置卡倫，不時遠眺取信可也。自招地方至察木多置其唐古特驛站可也，如有消息康濟鼐等即率其唐古特兵，將招堅防可也，一面來報我率兵駐察木多之大臣，駐察木多之大臣即率兵往救，則招地方可固也，擬於命下之日臣年羹堯處欽遵施行，為此謹奏請旨。

〔註492〕《欽定西域同文志》卷二十四頁五作置爾喇鼐衛珠布佳勒博，轉音為扎爾鼐衛珠布扎爾布，授扎薩克頭等台吉，辦噶卜倫事，後以叛伏誅，按置爾喇鼐衛珠布佳勒博所居室名，漢字相沿止從轉音稱扎爾鼐。

〔註493〕《平定準噶爾方略》卷四頁十八作策零敦多卜。《蒙古世係》表四十三作策凌端多布，父布木。此人為大策凌端多布，以區別於小策凌端多布。

〔註494〕《欽定理藩院則例》（道光）卷六十二作納倉宗，今西藏申扎縣一帶地區。清代檔案文獻常作納克產。

〔註495〕《衛藏通志》卷四頁二十二作噶爾藏骨察，前藏由陽八井至噶爾藏骨察，計程一千三十五里。

〔註496〕即拜都河，今青海省布曲，為金沙江上源之一，亦自青海入藏要道之一。

〔註497〕《大清一統志》卷五百四十七作多倫鄂羅穆渡，在木魯烏蘇自西折南流之處，其水至此，分為七歧，故名，水小宜涉，水發難行。此渡口漢名七渡口，在青海省治多縣扎河鄉瑪賽村（《青海省地圖》標註在木魯烏蘇南岸，作碼賽），該村立有七渡口碑。另對岸即為曲麻萊縣曲麻萊河鄉昂拉村，該村亦立有七渡口碑，此渡口為自青海入藏重要渡口之一。

〔註498〕《大清一統志》（嘉慶）卷五百四十七作巴漢苦苦賽爾渡，即小苦苦賽爾渡，此小庫庫賽渡口為清代青海入藏官道之渡口。《欽定西域同文志》解庫克賽郭勒意，庫克賽青石也，河中積有青石，故名。

雍正三年三月初三日

撫遠大將軍太保公四川陝西總督臣年羹堯

理藩院侍郎臣鄂賴

〔196〕川陝總督年羹堯奏請處置青海逃人摺（雍正三年三月初三日）[3]-1946

撫遠大將軍太保公四川陝西總督臣年羹堯謹奏，為請旨事。

據駐藏總兵官周瑛、員外郎常保報稱，索諾木達爾扎之子達賴喇嘛之兄長辰壘自羅卜藏丹津處逃出，於雍正二年十月十九日來昭，其父索諾木達爾扎、達賴喇嘛差人，同我等卡倫之人將辰壘擒拿，送於我等，我等將辰壘囚禁，欲呈文請大將軍指示，因噶隆貝子康濟鼐、阿爾布巴等皆呈文，請將辰壘解送大將軍處，故我等派千總楊天宇，率達賴喇嘛之人四名將辰壘解往大將軍處等情，於雍正三年二月二十四日將辰壘一併送至西安。該臣問辰壘，爾係達賴喇嘛之兄，怎往青海住於賊羅卜藏丹津處。據供我原係班第，隨達賴喇嘛住於西寧之固木布木廟〔註499〕，先羅卜藏丹津欲使其兄之女同我完婚，向我父索諾木達爾扎索要我，我父未允，後羅卜藏丹津數次向我父強行索要，我父懼於其威，無奈將我給與羅卜藏丹律，羅卜藏丹津除我班第之戒，使其亡兄台吉唐拉扎布之女同我完婚，羅卜藏丹津護送達賴喇嘛赴招時將我留於遊牧，後我告知羅卜藏丹津之母赴招居住，羅卜藏丹津自招返回遊牧時又逼我回來等語。又問羅卜藏丹津叛而來犯邊塞時爾隨行與否，爾如何逃出赴藏。據供前年羅卜藏丹津帶兵來犯內地時令我隨行，我懼於其威，無奈隨〔註500〕其來鎮海堡，後被大軍擊敗逃遁時我隨羅卜藏丹津逃奔，曾想中途乘機攜領我妻投奔大皇帝，或赴藏找我父母，沿途未得時機無奈隨行，至察罕托輝〔註501〕地方而歇宿，第三日策妄阿喇布坦所遣達木巴等約二十人到來，告訴羅卜藏丹津我渾台吉原以為爾等想必完整，詎料爾等業已如此模樣，今爾等無衣食住此則死，爾等速抵吉斯肯圖魯為好等情，羅卜藏丹津聞此言次日即由察罕托輝逃逸，行抵距噶斯三日程許納木噶地方，盡留其母我自己及輜重，自領少許人往尋噶斯赴吉斯肯圖魯，是夕我才得時機攜帶我妻及屬下

〔註499〕即塔爾寺，位於青海省湟中縣魯沙爾鎮。

〔註500〕原文作「承」，今改為「隨」。

〔註501〕《欽定西域同文志》卷十四頁二十五載，察罕托輝，蒙古語猶云白山灣也，地處山灣，故名。

約二十人逃出，三日後有跟隨羅卜藏丹津所屬喇嘛陶德古吉之宗札布逃出追來告訴我，於哈濟爾坐卡之人回去告訴羅卜藏丹津，我等原在哈濟爾坐卡，前日傍晚忽自東邊看見三十餘人之蹤影，而後人極多接續前來，前行三十餘人看見我等即追來欲拿，我等害怕逃來等情，之後羅卜藏丹津甚懼，即欲搬遷，乘混亂之際我逃出來投於爾等語。辰壘我逃出後至哈喇烏蘇〔註502〕我妻亡故，我投奔藏等語。該臣查得辰壘原係出家之人，又中止出家，娶羅卜藏丹津兄之女為妻，又隨羅卜藏丹津叛逆，來我邊塞與我軍打仗，而後逃出至於窮極方纔赴藏，似此之人理應正法，唯辰壘先為羅卜藏丹津所逼跟隨妄行，而後知其過，自噶斯逃回赴藏，其父索諾木達爾扎、達賴喇嘛聞之又派人同我卡倫之人擒之，解至總兵官周瑛、員外郎常保處，該臣查核情由，辰壘似異於自始至終為匪行逆之人，是故繕俱辰壘之口供，陳奏情由，伏乞聖裁，為此謹奏請旨。

雍正三年三月初三日

硃批：著將辰壘寬免，唯不可將其遣回藏，如何贍養，何處安置之處著大將軍年羹堯、侍郎鄂賴核議具奏。

〔197〕川陝總督年羹堯奏報陝西省得雨雪情形摺（雍正三年三月初八日）[3]-1953

太保公川陝總督臣年羹堯謹奏，為奏聞事。

臣所屬陝西地方去冬雖數次下雪，今年麥子長勢良好，二月二十二日二十九日又降一個時辰雨水，然仍嫌不足，三月初五日傍晚開始下雨直至三更時分，雨水甚足，於田地大有裨益，麥子豐收有望，民甚歡忭，謹此奏聞。

雍正三年三月初八日

硃批：實慰朕懷，可喜，近聞平陽一帶缺雨，陝省未見聞報，朕深懸念，今覽此奏欣快之極，今春都近雨陽〔註503〕，近年未見，此皆浩蕩天恩，朕惟有感喜，敬謹竭力乾惕以仰答聖祖皇考在天之靈眷顧賜佑之恩耳。（注此段硃批用漢文書寫）

〔註502〕此蒙古語為同名河與地名，哈喇蒙古語黑色之意，烏蘇河流之意，水色發黑，故名，指河流則為今怒江上流之那曲。作地名，《欽定理藩院則例》（道光）卷六十二作哈拉烏蘇，為達賴喇嘛所屬十四邊境宗之一，為青海入藏後藏內第一重鎮，即今西藏那曲縣。

〔註503〕「雨陽」疑為「雨暘」之誤。

〔198〕川陝總督年羹堯奏報辦理額駙阿保遷移牧場事摺（雍正三年三月初八日）[3]-1954

撫遠大將軍太保公川陝總督臣年羹堯謹奏，為欽奉上諭事。

去年十月二十六日自理藩院議覆臣摺後，照依郡王額駙阿保所請，據大將軍年羹堯奏稱，擬駐已故貝子丹仲領地，阿保下人多且貧困，難於遷移，將撥給伊等牲畜廩餼之事交付大將軍年羹堯，由伊處特遣一賢能官員攜帶正項錢糧，會同王額駙阿保查明無牲畜廩餼，不能遷移之人，按照遷移所需充足賞給，來年出青草之時移駐青海指定牧場等因奏入，奉旨依議，欽此欽遵，移文臣等在案。今值青草長出之際，由臣處派遣寧夏協領公格，理藩院主事達色、筆帖式烏吉莫、鄜州知州孔玉全，攜正項錢糧二萬兩，抵至寧夏後會同額駙阿保查明無牲畜、廩餼而不能遷徙之人，按照所請充足賞給牲畜廩餼，俾其遷移，於三月初八日自西安啟程。再向額駙阿保指定牧場，應如何遷移屬下之處，另摺具奏以外，謹此奏聞。

雍正三年三月初八日

硃批：阿保今欣喜感恩遷徙，朕賞伊萬兩銀，並勿過分照顧。

〔199〕川陝總督年羹堯奏議額駙阿保擬請遷移牧場事摺（雍正三年三月初八日）[3]-1955

撫遠大將軍太保公川陝總督臣年羹堯等謹奏，為欽遵上諭事。

雍正三年二月三十日理藩院侍郎鄂賴前來，口傳上諭，額駙阿保前對爾所言，今均有反悔之狀，朕加勸慰〔註504〕，爾前往為善，於諸事有益，伊亦無奈，接受而往（硃批：降諭所言過分，錯矣），伊向朕奏請，今年嫁女娶媳，將我母我妻格格暫住京城，我親自率屬下遊牧遷移，將不能遷移之人暫駐舊牧場西端過冬，來年青草出時再遷移。再大將軍年羹堯指給我之地方有瘴氣，距我牧場又遠，我等眾蒙古賴以生存之牲畜因地方惡劣，於生計無益，卑職懇請欲沿西寧附近之錫喇塔拉〔註505〕新設邊寨以外博羅沖刻克〔註506〕、青海湖一帶駐牧，鄂賴爾往年羹堯處降旨，照伊所請之地准駐，伊不能遷徙之人亦照依所請，格格應造房之處造房後格格居住，欽此欽遵。

〔註504〕原文作「歡慰」，今改為「勸慰」。
〔註505〕漢語名大草灘，今甘肅省民樂縣、山丹縣等祁連山北麓適宜遊牧地區。
〔註506〕同名河流名，《清史稿》卷五二二頁一四四三作博囉充克克河，即湟水，作地名應在青海省海晏縣城一帶地區。

臣等會議得，據額駙阿保奏請，大將軍年羹堯指給我之地方有瘴氣，於牲畜生長無益，卑職懇請欲沿西寧附近之錫喇塔拉新設邊寨以外博羅沖刻克、青海湖一帶駐牧等因，今侍郎鄂賴前往辦理青海事務，乘便查勘錫刺塔拉新設邊寨以外博羅沖刻克、青海湖一帶地方，指地駐牧。又據奏稱額駙阿保屬下不能遷移之人暫駐舊牧場西端，來年青草出時再遷移等因，自卑臣年羹堯處特遣之協領公格、主事官達色，會同阿保賞賜銀兩與伊等不能遷徙之人，俾其遷徙，為此交付知州孔玉全二萬兩銀，與公格同遣，公格等抵達後與額駙阿保商議，賞與貧窮之人，一次若能遷移即與額駙阿保一起一次遷移，若不行則照伊所請暫駐伊舊牧場西端，來年青草出時即遷移。再者額咐阿保具奏今年嫁女娶媳，將伊母伊妻格格暫駐京城，相應趁格格出之前，由臣年羹堯處將勘察指給額駙阿保牧場之內應造格格住房之處速〔註507〕造格格住房，為此謹奏。

雍正三年三月初八日

硃批：知道了。

〔200〕川陝總督年羹堯奏報遣返允禵福晉之家丁事摺（雍正三年三月二十一日）[3]-1971

太保公川陝總督臣年羹堯謹奏，為奏聞事。

前經卑臣奏請，貝子允禵之福晉與貝子允禵居住一處，相應隨福晉而來之三十三名披甲已無用處，均擬遣返等因，奉旨，爾與在大通之都統褚宗〔註508〕商議後，將隨福晉而來之兵丁應留幾人則留幾人，若無用處則予遣返，欽此欽遵。卑臣與都統褚宗咨商，今據都統褚宗咨覆，此地現有原來侍衛官員九名，護軍披甲執事人六十四名，貝子允禵並無行走之處，而居處又甚狹窄，隨福晉而來之人若留數人，徒耗錢糧，臣懇請將其全部遣返等因，此次遣返時或交付隨福晉而來之二名官員管理，或如何遣返之處，承辦大臣定奪後，咨行牌文之時將其遣返等情。查得在貝子允禵處之侍衛官員九員，護軍披甲執事人六十四名，今已足夠使用，將隨福晉而來之人立即交付包衣佐領大嘴、護軍校都賴，發給牌文遣返京城，謹此奏聞。

雍正三年三月二十一日

硃批：知道了，返回之人若亂說亂動，盡力訪查，一經發現，立即參奏。

〔註507〕原文作「連」，今改為「速」。
〔註508〕《欽定八旗通志》卷三百三十一作歸化城都統楚宗。

〔201〕川陝總督年羹堯奏請動支西安藩庫銀賞賜摺（雍正三年三月二十一日）[3]-1973

撫遠大將軍太保公川陝總督臣年羹堯謹奏，為奏聞事。

先經該臣奏請聖主恩恤多倫諾爾〔註509〕貧困之人，得給長久生計，動支西安布政司庫銀五萬兩解往賞賜等因，奉旨，恐銀兩略少，若查完賞賜，聞之彼等甚為窘迫，是否稍遲，欽此欽遵。該臣即就近行文蘭州布政司，令將庫銀動支五萬兩，解至西寧以備賞賜，又行文侍郎鄂賴，爾一面編佐領一面酌情賞賜，毋致遲延等情，所用蘭州庫銀臣將西安布政司庫銀動支五萬兩解賠外，為此謹具奏聞。

雍正三年三月二十一日

硃批：知道了。

〔202〕撫遠大將軍年羹堯奏報審擬宗札布等人事摺（雍正三年三月二十四日）[3]-1974〔註510〕

撫遠大將軍太保一等公臣年羹堯謹奏，為欽遵上諭事。

據刑部來文內開准理藩院咨稱，為將石成詞訟宗札布〔註511〕案內所供出之人巴特瑪〔註512〕，擬交與刑部事等因，奏請諭旨，奉旨著革職巴特瑪後拿解刑部，大將軍年羹堯抵達後，其應派出審訊人員之處，再行奏請諭旨，欽此欽遵，為派出審訊人員事請旨等因，於雍正二年十一月十八日交與乾清門三等侍衛尹扎納轉奏，奉硃批，此案毋庸在京城審訊，多有掣肘之處，亦不得案之實情及其中之理，將朕於眾人面前訊問宗札布之諭旨，並人一同解往西安，著交大將軍年羹堯審明定擬具奏，欽此欽遵。故將石成之奏摺一件，寄給舅舅隆科多、都統拉錫之文書各一件，本衙門糾參石成之奏摺一件，頒給宗札布之敕書一件，俱行抄錄鈐印，咨送貴部，請查收後，將人一併解送大將軍年羹堯處

〔註509〕《西藏六十年大事記》所附朱綉《海藏紀行》註釋第十八條曰貝力東措湖蒙語作都勒淖爾、都勒泊、都壘淖爾、得侖淖爾、坰列腦兒，皆一音之轉寫，含有明鏡之意，湖水味鹹，今意譯作苦海。即《軍民兩用分省系列交通地圖冊》（青海省）標註之青海省瑪多縣與興海縣交界處之豆錯。

〔註510〕此一文檔甚長，此一滿文檔之另一翻譯稿可參見《歷史檔案》一九九七年第一、第二期。

〔註511〕《欽定八旗通志》卷三百二十四作蒙古鑲黃旗副都統宗查布。《平定準噶爾方略》卷五頁二十一作副都統宗扎卜。《陝西通志》卷二十三頁四十二作西安將軍宗扎布。

〔註512〕《平定準噶爾方略》卷三頁二十二有主事巴特瑪。

等因前來。准此將理藩院咨送所有文書，以及宗札布、巴特瑪、石成均交與本部委主事李柱、筆帖式佟保解送等因，於雍正二年十二月二十一日解送前來。

　　該臣查得據遷移軍臺原將軍宗札布之隨同筆帖式石成奏稱，聖主一統天下，逸安眾生，且又洞察軍臺舊路多有沙漠，於蒙古生計無所裨益，故交議政議奏，並派原將軍宗札布、一等侍衛赫默音、達西，自張家口門直出，尋覓水草，移設臺站等因奉差。宗札布奏稱，每臺站所有六十戶中先移四十戶，該四十戶移畢後凡事皆自新路送行，然後再移其餘二十戶，眾喀爾喀處存養之駱駝中擬領取一千二百峰以撥給驛站，奴才將與將軍傅爾丹會議此事後辦理之，移設臺站之事趁天冷之前移完為最緊要，奴才等此行路途遙遠，往返皆須尋覓水草之地，故請允准奴才等乘驛等因具奏。皇上以一等侍衛銜恩賞宗札布乘驛，宗札布自張家口至扎克拜達裏〔註513〕，並無以皇上之事為要，亦未踏勘丈量，尋覓水草，而僅由侍衛赫默音、達西丈量地方，訪問蒙古，找尋直路，而宗札布留於後面，途經喀爾喀人家，無一不漏，逐一進入，飲酒作樂，醉後妄言，又令吹〔註514〕笳彈奏，於得博多博地方醉酒後就寢於蒙古人家中，深夜裏又起行，苦累於喀爾喀人等。移設臺站路上不知為何緣故，草原上放火燒，五月十一日行抵扎克拜達裏，宗札布不趁天熱移設臺站，而無事閒住十日，於二十一日伊突然言稱欲往將軍傅爾丹軍營議事，言畢起行，沿途稽遲。來至第四十二站即察罕托海驛站，當日將軍來咨內稱，將置設於驛站之一千二百峰駱駝，已咨令喀爾喀等撥給扎克拜達裏、翁金伊克哈布查海〔註515〕、戈壁額爾吉勒和洛圖〔註516〕三處各四百峰，等因前來，此事與宗札布所奏不合，故不再前往軍營，如若不往軍營，理應返回扎克拜達裏移設臺站，然伊又住三日，於二十八日無故繼續前行，走過三座驛站，抵第四十五驛站，次日纔返回。伊前往將軍軍營而不達，聲言欲查臺站而不查，所有臺站全未走到，而又跳過二座驛站，日行三四十里，於六月初九日回到扎克拜達裏。回來之後不思移設臺站之事，亦不念為皇上効力之事，於十六日方咨文移設臺站，宗札布在扎克拜達裏住有三十三天，其間伊之家人等每人佔居驛站蒙古房屋各一間，將別人妻子兒女棄於野外，又令送進奶、奶皮子酥油柴火畜糞，後來搬進於扎克拜達裏城守

〔註513〕《中國歷史地圖集》清代卷烏里雅蘇臺圖幅作扎克拜達里克城，在今蒙古國西南巴彥洪戈爾省拜德拉格河下游東岸拜達里克村。
〔註514〕原文作「只」，今據《歷史檔案》一九九七年第一期改為「吹」。
〔註515〕待考。
〔註516〕待考。

城正藍旗右衛披甲蘇楚泡又名八十四所住官房，毫不考慮公務，每日或彈奏琵琶三弦，或騎驛站官馬至務農廢員、喀喇沁台吉和托賴等家中，食肉飲酒，至晚而歸。有時與驛站蒙古章京等同飲作樂，酒後妄行毆人，私用鐵鏈捆人，後又釋放。又派貧窮蒙古人至四五十里之外搬運手指般粗柳條，堆成如山，再從中挑選好者以編織鋪席，或蒙古包圍圈，走時馱走。從喀爾喀取回之駱駝內，多半歲口大而有老疾者，或為幼駝，或為有鞍瘡，或為生瘡者，將如此劣駝撥給各驛站章京時，章京等皆言此等劣駝難以勝任皇上之官差，宗札布聞此所言即行打罵恐嚇，有章京等事先受其央求或脅迫而領取之，事後宗札布又曰未曾強令領取，而皆挑選也，此等駱駝皆為給喀爾喀等存養，駱駝若有繁衍，其繁衍者歸喀爾喀等取之，若有倒斃則令伊等償還，而此劣駝皆為喀爾喀等之私駝，以劣駝換取皇上之駱駝，驛站章京等經私下與喀爾喀等商議之後，已為劣駝補取馬匹。七月十一日自扎克拜達裏起行返回，宗札布坐於車，而蘇楚泡又名八十四，擅離駐守地，私自跟隨，走過六座驛站之後，於第三十釋站即噶里特薩布烏蘇地方，令其乘驛返回，途中額外多騎用剛剛移設之三四十匹馬，仍不敷用，即騎用驛站蒙古之私馬，又隨帶三十餘名蒙古驛夫，車前有一對牽狗人，一對備鞍馬，一對閒人，排列成三對，駕車之騎馬人有四名，車後跟隨十餘人，每到一站若有驛站章京不率眾迎送即遭打罵，宗札布親令眾人摘取帽子，雙腿跪地，叩頭歡呼主人，伊之家人妄行打罵眾蒙古人。宗札布視皇上之驛站蒙古人實不如其家人，驛站蒙古人等皆為聖主所養育之人，為伊等之生計起見皇上施以種種恩澤，每年賞賚，纔使伊等各自立有家業，所賞牲畜得以繁衍，伊等承蒙皇恩皆有謀生之所，而宗札布身為將軍卻不知宣揚聖主恩澤。五月十一日抵達扎克拜達裏之後並不移設臺站，而到處躲開，推諉於原都統五格、驛站官員三達里等，以致延誤達四十餘日，於六月十六日纔行文迅速移設，由於蒙古人等皆為懼怕，故而迅速前來移住。舊路自西南方殺虎口向東北方直至扎克拜達裏，新路則自東南方張家口向西北方直至扎克拜達裏，由於新路近，又驛站縮短，凡移來之驛站，皆自西南向東北遷移，然因多有沙漠，行走戈壁，可走三四十餘日，於八月初十日以後該四十戶驛站人員終於抵達，沿途官畜瘦弱跌膘，伊等之家畜亦每驛站倒斃六十以上不等，由於馱騎無畜，背負子女步行而來。宗札布每到一站打罵章京驛夫，有人找其訴事則不辨別是非，反而責打無干人員，次日又領驛站所有人員多走數站，因而驛站人員家中無人牧放牲畜，牲畜難免被偷被狼吃掉。聖主委派宗札布乃專門信賴而委以此任，

但宗札布不念皇上之重托，僅圖安逸，肆意妄行，擾害蒙古，損害公務，蒙古人等每言及責打擾害之事，皆面向南方禱告聖上曰，聖主乃佛爺矣，我等草芥奴僕，何以報答皇上恩施拯救再生之隆恩，對於皇上之撫恤至意，將軍宗札布不知曉，伊來此之後如此擾害，皇上在京城寶座前必將明鑒矣等語，叩頭哭位，怨氣沖天。奴才石成乃一末芥卑賤奴僕，荷蒙聖恩世代居官，雖粉身碎骨亦難報答皇上養育殊恩，宗札布損害朝廷之事，玷辱職守，違背事理，貽誤公務，擾害蒙古，凡此種種，奴才石成不堪入目，奴才雖無具奏之責，但宗札布悖理逆行，何敢不加具奏，若達於聖聞，奴才雖獲死罪，亦心甘情願。再當訊各驛站參領章京等，此一新地對於牲畜何如，水草好否，爾等可有過冬夏牧地方，伊等則稱我等原為東部土默特蒙古，因無法生存，皇上特賞効力之道，將我等安置於驛站，每年施恩賞賫，加以養育，我等皆已立有家業，舊路地方多有戈壁，冬季寒冷不利於牲畜，皇上將我等移至如此有水草之地，水草美，且地平，冬夏所住之地亦甚佳，此新路一帶所生長之草卉，皆宜於牲畜，仰蒙聖恩，在舊路地方尚且能立家業，而引新地方又有何不便。惟前遷移四十戶時，若自五月十五日起開始遷移，我等則可於途中邊行邊牧放牲畜，於六月十五日之後抵達新地，六七八此三個月內牲畜皆能臕肥，一應公差皆不耽誤，實於六月二十日之後方令我等遷移，於八月內方抵達，途中馬畜皆瘦，且此地之草亦變枯黃，若不算閏四月，現為九月節氣矣，牲畜臕肥時節已過，倘不休養遷來牲畜，仍用傳遞馳報，又今年將其餘二十戶遷移過來，則牲畜難以存活矣，當遷移其餘二十戶時正值寒冷季節，即便皆已遷來，牲畜亦於事無益，若將現已遷來牲畜暫行休養，凡事仍由舊路傳遞，則因舊路二十戶所有牲畜不曾動用，且夏季皆上臕，故不致於誤官差，俟明年返青之後，牲畜有救時再令四十戶當差行走，而其餘二十戶開始遷移，則牲畜不至於倒斃，對二者皆有利等語。再據前來交付駱駝之喀爾喀等言稱，六月二十五日杭愛山降大雪，奴才等前來時於七月二十日亦降小雪，凡高處之牧草皆枯黃，駐有低處之牧草微綠。又查看各驛站之牲畜，自第三十驛站至十二驛站共十八驛站牲畜實有瘦弱者，此等情由宗札布理應具奏請旨，但伊懼怕延誤之罪，草率遷移，以圖了事，故咨令二十戶遷移，從新路傳遞咨事，鑒於此等情形，或從新路報事，令所留二十戶遷移過來，或令所留二十戶仍自舊路報事，俟來年再遷移，而已移至新路之牲畜暫且休養，俟來年返青之後再用以報事，以上各事懇請皇上睿鑒。再經觀察蒙古人情形，宗札布確曾擾害伊等，而宗

札布用以何等言語蠱惑伊等之處，奴才未聞確信，故而不敢妄奏，但蒙古人較前似有疏懈之情，是以奴才擬寫蒙古文書咨行驛站章京等，以陳述皇上恩德，並言宗札布擾害爾等之事，職已具奏皇上，望爾等當差如前，好為行走等因，擬寫蒙古字咨行之，為此謹具奏聞等語。

石成又呈文於舅舅公隆科多，該文內開，卑人隨原將軍宗札布前往移設驛站，出張家口門，踏勘丈量，尋覓水草，而宗札布並不同行，留於後面，凡過喀爾喀人家，即進去飲酒，又於置設驛站路上放火燒荒，至五月十一日抵扎克拜達裏，並不移設臺站，宗札布違背所奏，貽誤四十餘日，於六月十六日方咨文移設，八月初十日之後方到達各自指定臺站，移設途中馬畜消瘦跌膘，勞頓甚深。然而宗札布抵達驛站之後索取奶、奶皮子酥油柴火畜糞，又打罵蒙古人等，以索鏈捆人，並放縱家人擾害蒙古，無不索取。又從喀爾喀領取劣駝，強令驛站章京領取，又騎乘所有移設馬匹，令驛夫全數跟從，家中亦不留放牧人，如此擾害蒙古，髓枯力竭，以致驛站破敗，自第三十驛站至十二驛站共十八驛站，馬畜均已變瘦。據蒙古等言稱，我等帶來之牲畜若不得休養，而用以傳遞之事，又移其餘二十戶，則此等牲畜難以過冬，其餘二十戶遷移時正值寒冷時節，牲畜不能到達，倘若休養四十戶之所有牲畜，仍由留於舊站之二十戶傳遞，至明年再遷移，以用新路傳遞，則於二者皆為有利云云。卑人之所聞，又及宗札布廢棄公務，擾害蒙古等各節，實不忍寓目，卑人雖無言奏之責，若將問罪，但願請罪，是以已經具奏。再宗札布對原員外郎巴特瑪曰，而今之世滿洲蒙古斷難興盛，凡首輔大臣皆為漢軍漢人，故漢軍漢人必興盛。再怡王〔註517〕尚為孩子，無知，卻將國事交與伊辦理，如此何以能夠興旺云云。巴特瑪聞此甚驚，觀此情形，宗札布皆以此言告知於蒙古，故而蒙古較前更無興趣，以致疏懈，此等言語至關重大，倘若聞知者不承認，卑人死無葬身之地，故寫蒙古文字咨行撫慰伊等等語。

石成又呈文給都統拉錫，該文內開，卑人隨原將軍宗札布前往移設驛站，出張家口門，踏勘丈量，尋覓水草，而宗札布並不同行，留於後面，凡過喀爾喀人家即進去飲酒，又於置設驛站路上放火燒荒，至五月十一日抵扎克拜達裏，並不移設臺站，宗札布違背所奏，貽誤四十餘日，於六月十六日方咨文移設，八月初十日之後方到達各自指定臺站，移設途中馬畜消瘦跌膘，勞頓甚深，然而宗札布抵達驛站之後，索取奶、奶皮子酥油柴火畜糞，又打罵蒙古人等，

〔註517〕指清聖祖第十三子胤祥（允祥）。

以索鏈捆人，並放縱家人擾害蒙古，無不索取。又從喀爾喀領取劣駝，強令驛站章京領取，又騎乘所有移設馬匹，令驛夫全數跟從，家中亦不留放牧人，如此擾害蒙古，髓枯力竭，以致驛站破敗，自第三十驛站至十二窄站共十八驛站，馬畜均已變瘦。據蒙古等言稱我等帶來之牲畜，若不得休養而用以傳遞之事，又移其餘二十戶，則此等牲畜難以過冬，其餘二十戶遷移時正值寒冷時節，牲畜不能到達，倘若休養四十戶之所有牲畜，仍由留於舊站之二十戶傳遞，至明年再遷移，以用新路傳遞，則於二者皆為有利云云。卑人之所聞，又及宗札布廢棄公務，擾害蒙古等各節，實不忍寓目，卑人雖無言奏之責，若將問罪，但願請罪，是以已經具奏等語。

理藩院參奏內開，曾隨同原將軍宗札布前往移設軍臺之臣衙門筆帖式石成，為陷害宗札布，肆意編造無稽之談，擬寫呈送臣隆科多、拉錫之文書二件，又奏摺一件，裝封於夾板，馳驛送來，查得筆帖式石成乃隨行原將軍宗札布之筆帖式，理應僅照指示辦事之外，不得滋事，但石成狂妄囂凌，不懼國法，將分外無干之事由驛馳報。由此看來，石成必於外面作亂，而被宗札布撞獲，故畏罪而肆意捏報，可見情屬可惡，狂妄至極。又蒙古扎薩克等並無事，均蒙皇恩安居樂業，而伊僭越擬寫蒙古字以撫慰者甚過矣，對如此而為者若不問罪重懲，則必國之吏政亂，而捏控作亂之徒不得懲戒，石成狂妄可惡，暴露無遺，擬速派一名臣衙門官員前去拿解石成，以交刑部示眾，從重治罪。再原將軍宗札布處有事辦理，臣衙門擬另派一名筆帖式前去辦理之，現將石成之奏摺一件，呈送臣隆科多、拉錫之文書，俱行恭呈御覽等因，於雍正二年八月十八日具奏，諭曰，筆帖式石成何許之人，身為筆帖式僭越言事，殊甚可惡，著派人拿解。再彼宗札布者用派往贖罪効力之人，伊或一心贖罪効力，或有意毀事抵觸，亦未可知，今留宗札布於驛站亦無裨益，著解回宗札布、巴特瑪對質審明，一經審訊，有無罪過，自有定論，欽此。

雍正二年八月十九日太保吏部尚書兼理藩院事務總管公舅舅隆科多、散秩大臣兼都統拉錫奉旨，已派人取宗札布，一俟前來，將訊問宗札布之朕旨，爾等記下，可降旨於宗札布後，錄取口供，爾宗札布曾在西寧時，於郡王允禵前奉承依阿，允禵亦視爾為安王〔註518〕之王府長史而另加寵信，爾乃蒙受允禵恩惠之人，當允禵於軍營酗酒亂醉，狎妓貪淫，凌虐傷人，侵蝕錢糧時爾應

〔註518〕努爾哈赤第七子阿巴泰封多羅饒餘郡王，阿巴泰子岳樂襲爵後改封安，安王指岳樂。

報恩勸阻，以不至於行惡，但爾並不勸諫，反而迎合允禵，一同酗酒，貽誤軍務，行止卑賤，故免去爾之將軍一職，若將爾之罪行全數查明後治罪，雖死亦不足以蔽辜，朕行恩從輕處治允禵爾等之罪，亦未革除爾之官職，即派往管理臺站，此乃朕之殊恩也，爾應感戴朕寬恕之恩，宜加孜孜黽勉，今覽石成所奏，爾仍不心服，以為無辜免職。再爾思念安王旗婿廉王〔註519〕，嫉恨年羹堯奏功，又爾之大將軍允禵以為未用爾〔註520〕，是以公然與朕對抗，隨便傳話，搖動人心，爾等逆行於西部之人，不念自己之過，反而怨艾年羹堯不曾為伊等隱瞞，改以流言誹語搖惑無知之徒。朕思之石成所奏之言必出於爾之嘴是實，爾之大將軍允禵多年統兵，可有何勞績，僅有將軍延信率兵進藏，而允禵至木魯斯之後導致數千滿洲兵無辜死亡，馬畜倒斃，醜態百出，方可返回，不僅並無效力，反而欲娶青海公吉克吉扎布等嫁與他人之女，並央求貝子允禟於皇父之前巧奏，捏造皇父之命，娶青海台吉之女，並拆散嫁於他人之夫妻，終日於甘州飲酒貪淫，當女子思念原丈夫及故鄉時，百般誘哄釋悶，引人甘州河水，使之結凍，於冰上滑舞木輴，由於河水漲溢，城內街道上積滿水，並結冰，人皆難行，如此胡鬧不體面無體統，所有隨從人員，地方百姓無不知曉。再綽奇、噶西圖〔註521〕爾等小人以奉迎依阿為能事，糜費貪贓民之脂膏錢糧達數百萬兩，擾害陝山之民，實不堪寓目，幾致叛亂，即為青海羅卜藏丹津等之叛亂亦因允禵爾等無恥之徒，不向青海厄魯特講明大義大理，而目無法紀，瀆倫敗俗，官無官箴，兵無兵規，醜態百出，貽笑輕蔑。羅卜藏丹津等以為大國之威力亦不過如此，故而導致叛亂，若加根究，將爾等治以何罪，亦不足以蔽辜。前我聖皇父認為允禵昏庸暴躁狂悖好攬事，若留京城，不得寧謐，倘若國有緊急事情，勢必妄亂滋事，故特意調開，派往西部，並非允禵能以奏功而派往者矣，無知者不知其中之理，反以為派去允禵奏功之後，可立為皇太子，豈有如此糊塗無知之理，誠然如此，朕皇父乃至聖，皇父年有七旬，且又體弱，豈能將賴以繼位之子派往萬里之外，此事毋庸解釋，足以顯而易見。惟彼不知天地，而又無知之徒，盡力妄加猜疑而已。前有大阿哥允禔邀同允禩、允禟、允禵以及幾名無知年小小弟，不念大義，如同梁山賊寇，結黨結夥，騷擾朕皇父老人，

〔註519〕廉王指清聖祖第八子胤禩，胤禩之妻為安親王岳樂外孫女，故曰安王旗婿廉王。

〔註520〕此句文意似乎為「爾以朕未用爾之大將軍允禵」。

〔註521〕《清代職官年表》巡撫年表作陝西巡撫噶什圖，《平定準噶爾方略》卷二頁二十一作西安巡撫噶什圖。

干與諸事，要脅他人，央浼受賄，收買國人之心，以圖謀於寶座，凡此種種，誰人不知。且又為皇父之大事，咨令允禵從甘州速回，允禵從行三四宿之後獲悉皇父升天，卻又欲回甘州，經查克旦等規勸之後，方可作罷。於保德州見延信後曰，我身或許死也，我兄長不指望我叩拜云云。延信問畢，嚴屬申斥，並言明大義，允禵方有所悟，今延信尚在，此為何言，純屬悖逆之言。然而朕仍恩恤教誨包容期以改過，並於太后母親梓宮前封允禵為王，令伊改惡，伊不僅不感激，反而激怒，凡事混鬧，對於此等不知天高地厚愚悖之人，怎可議論朕不起用。授以年羹堯為大將軍，乃初青海羅卜藏丹津作亂，掠奪王額爾德尼厄爾克托克托鼐，而額爾德尼厄爾克托克托鼐前來求援，即令管轄布隆吉爾兵將軍延信掌管大將軍印，由於延信辦理一二事不當，且延信為人敦厚遲鈍，心意難周，恐誤事機，故令年羹堯掌大將軍印，當時青海之事可危可慮，凡事俱由朕與怡王、舅舅隆科多、都統拉錫等從中詳密商定，而在外軍務則令年羹堯主管，年羹堯孜孜黽勉，率領當地邊塞漢兵不糜錢糧，不勞兵馬，須臾克奏膚功，從而平定青海之賊，以寧邊陲，如此之人，不能委以大將軍乎，朕用人不當否，就以此事而論，倘若授以允禵為大將軍，面由爾等輔佐，該事能如此完結否。爾言未用滿洲兵，路途如此遙遠，即派滿洲兵亦難趕到，而僅用邊塞綠旗兵即能擊敗賊敵，揚我軍威，可喜可賀，我滿洲兵更顯威武，此事又有何慮之處。前為西藏之事年羹堯亦籌備四川兵馬，力爭務取西藏，即照皇父指教孜孜向前，進定西藏，至聖皇父曾屢次諭曰我朝僅隆科多、年羹堯二人有大將之才，此事人人皆知，朕登極後將皇父母后之大事以及其他諸事均交廉王、怡王、舅舅隆科多、大學士馬齊辦理，而怡王、舅舅隆科多不分晝夜，盡心辦理皇父母后之二件大事。大學士馬齊一則年事已高，二則為人憨厚應不議外，惟有爾之神奇廉王有何効力之處，僅毀朕之諸事，給朕取以惡名為能事，眾人皆知此事也，今爾言怡王為平常之人，無所知識，卻將國事交付於彼，何以能治理好，爾之此言，是否言及於今，是否詛咒國家，若言怡王自幼強健聰慧，人才優良，皇父優加恩寵，此事舉國皆知。怡王並非膽大妄為之人，從無非分之念，怡王對皇父盡以子道，對二阿哥盡以臣道，由於與二阿哥好，橫遭大阿哥之妒忌陷害，因而株連於二阿哥，自被株連之後多年來惟感激皇父之恩，而對允禵等人胡鬧之事從不過問，亦不敢越雷池一步，怡王從不使皇父擔憂，此事眾人亦皆知，今夫當允禔、允禩、允禟、允禵等朋黨結夥，不念君父之大義，懷有非分之念，為私為己，使皇父多有擔憂，若以此事而言，怡王不及伊等者是實焉，

自朕登極委用至今，凡有交付之事皆能勉竭血誠，王本無所經歷之人，而辦戶部繁亂流弊，俱為井井有條，然而爾卻言怡王為無知平常之人，而尊崇允禵等結為梁山賊夥，所行小義，酗酒迷色，貪贓之徒為顯貴乎，以朕之見怡王實為行大義明事理盡忠誠利國家多知識之人，殊異於爾之所見，若與朋黨鑽營，央浼好事，沉溺〔註522〕酒色，圖賊小義〔註523〕，蠱惑世人，收買人心者相比，怡王無知者是實也。再滿洲蒙古漢軍皆為同樣奴才，朕一視同仁不分彼此，自朕登極以來，文武各大臣出缺，朕照皇父所定之例除選用滿洲外，無論滿洲蒙古出缺，朕亦選用漢軍漢人，且山東河南浙江等省布政使按察使及至道府原為漢官之缺，而朕多用滿洲，而蒙古朕多增補都統副都統尚書侍郎侍讀學士等，省城協領原未設蒙古缺，察哈爾旗總管原補放滿洲，朕改補蒙古，凡為滿洲蒙古漢軍朕皆一視同仁，勸育人才，為國家得賢才，朕真誠選用之，朕可有偏私之心乎。爾之悖逆大將軍允禵未任用爾此牲畜乎，反之年羹堯者乃朕之皇父知用信賴之人，而岳鍾琪又係皇父稔知，自副將擢用為提督之人，朕皆用皇父所用之人，以克奏西部膚功，朕復又勸用皇父舊用並早已休致官員蘇丹、噶爾必〔註524〕等人，如此而為，尚有人言朕任用漢軍漢人，而滿洲蒙古何以振興，誠朕有所閒暇〔註525〕，又不知如何言朕。朕所用大將軍年羹堯須臾平定青海，尚且如此議論，倘若不能平定朕怎能忍受此類議論，朕寬恕爾品行不端、醜類等種種罪過，勸勉効力，爾若能効力改惡，朕可以起用，倘若仍念亂黨，胡作非為，而不加以殺，國法何以得到匡正。石成所奏，爾之所言，巴特瑪之所聞，皆為爾等三人口出之言，若經質審，自然能以明瞭，爾等亂黨議論紛紛，皆為已有之事，去年辦理母后大事期間朕封允禵為王，而爾等同夥則傳言，朕欲用允禵總理事務，允禵言調戶部庫銀百萬兩以犒賞兵丁，又必捉拿舅舅隆科多、總督年羹堯方可出來視事，因此之故朕未用允禵云云。又傳言舅舅隆科多奏請朕之後停止犒賞云云，又於去年朕前往謁陵後傳言舅舅隆科多於門前患痰火病暈倒云云，青海叛亂時傳言總督年羹堯被青海台吉綁縛而去云云，又傳言怡王獲罪於朕，不准城內居住驅逐至溫泉云云，如此妒忌竭誠効力於爾家之大

〔註522〕原文作「滋」，今改為「溺」。
〔註523〕原文作「久」，據《歷史檔案》一九九七年第一期改為「義」。
〔註524〕即噶爾弼，《欽定八旗通志》卷三百十八作護軍統領噶爾弼。《平定準噶爾方略》卷六頁六作護軍統領噶爾弼，後為自四川率軍入藏之統帥，佩定西將軍印，《清史稿》卷二九八，《欽定八旗通志》卷一七三有傳。
〔註525〕「閒暇」似乎為「微瑕」之誤，若寫作「纖瑕」意亦通。

臣，捏造種種謊言以惑全國人心，皆係爾等卑賤逆黨所為，朕於此前受封為王時尚且不讓步於何人，何況今日朕已登極，豈有為爾等不知君父不念子臣，忤逆不道，愚昧無知之徒所發議論讓步之理，對於編造此等言論，朕毫不介意，而此等之事暴露之後，若能得以清楚，更能說明朕為正確，若殺此等亂徒足以懲戒惡徒，眾人得知此事後，彼無知之人亦不聽信胡編亂造之議論，除掉此等之人於國有利，爾不知曉爾之不成器，以為無辜被革除將軍一職，爾之主人無辜治罪安王〔註526〕，將爾給於怡王，爾怨郡王允禵未任用爾〔註527〕，但不知其中事理，反編造無干之言，妄加議論，將惡名推給於朕，以蠱惑國人之心，此乃為允禵而行亂者顯然也。今夫當問罪吳爾展〔註528〕等時，朕論極為清楚，朕已召集安王門下人明白曉諭，今該諭旨尚在，倘若人人同爾視王為主，反而輕蔑登極之皇上，則彼五旗之王日後其權力與皇上相等，王等一旦侵犯國法，必難治罪，豈能有此道理，由於不准爾之安王承襲，故由爾等悖逆該殺奴才如此強梁不灰心，肆意作亂，朕出於無奈必傷安王之子孫性命，以斷爾等之念，乃至根除，爾等以為已効力於爾之安王乎，以為已殺爾之安王乎，爾傳出此言後，已受到報應，已由神鬼引領石成報聞於朕，見此報應後爾等逆黨理應死心為是，若爾等就此甘休，非但為朕之福，爾等之造化，大清國亦永久得享太平也，太廟神靈亦得安謐也，爾今若知虔誠改過自新，朕可饒恕爾之性命，務必如實招供，欽此欽遵，將諭旨宣讀給宗札布聽。

　　旋由臣等訊問宗札布，爾等之所作所為於諭旨內均已明白指出，爾不得隱瞞，一一招出實情。宗札布供稱，允禵駐甘州時娶厄魯特之女，並引入河水結冰，於冰上滑冰玩時河水漫溢，淹沒街道，行人難以行走，再伊之飲酒之事人人皆知，允禵在西寧甘州之所作所為皇上如同親眼目擊，已降有旨，件件屬實，只因懼於允禵之淫威，未敢勸阻，我宗札布本獲有死罪，皇上仍不棄，又派往辦理移設臺站之事，我辦理此事時又遭石成控告，以致於此，豈敢不如實招供等語。訊宗札布，允禵何以保舉爾為將軍，明白招供保舉緣由。供稱我住蘭州時我家人那木札爾從京城送衣服來，於康熙五十八年二月二十五日到達蘭州，那木札爾稱，安王給老爺送一信云云，我當即拆開來信，內開吾已央求八阿哥

〔註526〕此句之意似乎為「爾之主人安王無辜被治罪」。

〔註527〕此句之意似乎為「爾怨恨朕未任用郡王允禵」。

〔註528〕常寫作吳爾占，清太祖努爾哈赤第七子阿巴泰後裔，父安親王岳樂，當清聖祖駕崩之時代雍親王行南郊大祀，清世宗即位後以黨胤禵罪整肅，雍正二年正月十七日卒。

曰，吾門下副都統宗札布現在軍營，請轉求十四阿哥若能照顧請多關照，八阿哥已央求十四阿哥云云，自我收到此信之後觀察其情，允禩已另眼看待我，後來保舉為將軍，或許此因等語。又訊宗札布，安王寄給爾之信劄今在何處，爾拿出來。供稱我閱完信之後已經燒毀等語。訊宗札布，據石成奏爾自張家口至扎克拜達裏並未以皇上之事為要，凡勘量地方尋覓水草等皆非親自所為，而由侍衛赫默音、達西前去丈量，訊問蒙古人，爾宗札布留於後面，所經喀爾喀人家無一不漏，進去飲酒，酒後妄言，又令吹笳彈奏，於得博多博地方醉酒後就寢於蒙古人家中，深夜裏又起行，苦累喀爾喀人等，移設臺站路上不知為何緣故草原上放火燒云云，此事怎講。供稱我宗札布與侍衛達西、赫默音同出張家口邊門，尋覓直路，訊問於烏拉齊，察看水草，又尋覓直路時侍衛達西、赫默音等只管尋覓直路，踏勘丈量一事，而宗札布乃管臺站之人，又身負移設臺站，故必親臨有水之地察視，如若水源不足，驛站牲畜難以存活，故而視察水草，又尋覓近路，路中我有時先行，有時落後，如若住宿，一同住宿。沿途若有蒙古送酒來，我取而飲者屬實，蒙古人吹笳彈奏，我亦聽之，再正值夏季返青之時，即便放火，亦不燃燒，打中夥時我曾點燒一二堆火等語。訊宗札布，據石成奏，五月十一日行抵扎克拜達裏，不趁天熱移設臺站，而無事閒住十日，於二十一日突然言稱欲往將軍傅爾丹〔註 529〕軍營議事，言畢起行，沿途稽遲，來至第四十二站即察罕托海驛站，當日將軍傅爾丹來咨內稱，將置設於驛站之一千二百峰駱駝，已咨令喀爾喀等撥給扎克拜達裏、翁金伊克哈布查海、戈壁額爾吉勒和洛圖三處各四百峰等因前來，此事與宗札布所奏不合，故不再前往軍營，如若不往軍營，理應返回扎克拜達裏移設臺站，然又住三日，於二十八日無故繼續前行，走過三座驛站，抵第四十五驛站，次日纔返回，前往將軍軍營而不達，聲言欲查臺站而不查，所有臺站全未走到，而又跳過二座驛站，日行三四十里，於六月初九日到扎克拜達裏，回來之後不思移設臺站之事，亦不念為皇上効力之事，於十六日方咨文移設臺站云云，此事怎講。供稱，宗札布等於五月十一日抵扎克拜達裏，即令石成擬寫奏摺，於十七日才寫完具奏，又行文各地之後於二十一日我纔起行，由於天熱一日行走一站，來到察罕托海，將軍傅爾丹咨稱駱駝之事已經辦完，由於扎巴噶河水汛期已到，等候二日水消之後，纔能渡河，按照與侍衛達西、赫默音之所約，前往第四十七驛站，當抵第四十五驛站時恰遇前往丈量第四十七驛站之侍衛赫默音等丈量回來，再前

〔註 529〕原文作「博爾丹」，為「傅爾丹」之誤，徑改之，本文檔全改之。

行無所意義，故而返回，於六月初九日抵扎克拜達裏，由於無嚮導難以移設臺站，故等候嚮導前來，自獲有嚮導信息後，我纔行文移設臺站，我行文較遲，亦未到達將軍傅爾丹之軍營，未能按照我之原奏移設臺站，即乃我之死罪等語。訊宗札布，據石成奏，爾住扎克拜達裏有三十三日，其間爾之家人等每人佔居驛站蒙古人房屋各一間，將別人妻子兒女棄於野外，又令送進鮮奶、奶皮子酥油柴火畜糞，後來搬進於扎克拜達裏城守城正藍旗右衛披甲蘇楚泡又名八十四所住官房，毫不考慮公務，每日或彈奏琵琶三弦，或騎驛站官馬至務農廢員、喀喇沁台吉和托賴等家中食肉飲酒，至晚而歸，有時與驛站蒙古章京等同飲作樂，酒後妄行毆人，私用鐵鏈捆人，後又釋放云云，此事怎講。供稱我前去時帶有小蒙古包一個、帳房一個，凡乘驛之人均帶蒙古包，倘若我家人每人佔一個，又有何人服伺我，何人〔註530〕看守物件，我伙夫及家人居住只用二個蒙古包，烏拉齊等送奶送畜糞時我領而收者屬實，此次住時等候駱駝，又等候嚮導，故而所住時日較長，我即帶石成移住扎克拜達裏城內，即住於守城右衛披甲八十四之房屋，我不會彈三弦琵琶，石成與八十四等彈奏時，我坐而聽者屬實，再我於夜間飲幾盅酒是實。我等抵達扎克拜達裏之後曾去種地原侍郎額訥特家、郎中薩哈齊家中吃飯多次是實，喀喇沁台吉和托賴邀請我而我未去，給我送來二隻羊，而我領受一隻，相應回訪其家一次，再有人來我處訴訟，我訊問後杖結之等語。訊宗札布，據石成奏，爾又派貧窮蒙古人至四五十里之外，搬運手指般粗柳條，堆成如山，再從中挑選好者以編織鋪席或蒙古包圍圈，走時馱走云云，此事怎講。供〔註531〕稱我派蒙古人砍柳條後運來編造什物是實等語。訊宗札布，據石成奏，爾從喀爾喀取回之駱駝內多半為歲口大而有老疾者，或為幼駝或為有鞍瘡或為生瘡者，將如此劣駝撥給各驛站章京時章京等皆言此等劣駝難以勝任皇上之官差，宗札布聞聽此言即行打罵恐嚇，有章京等事先受其央求或脅迫而領取之，事後宗札布又曰未曾強令領取，而皆挑選也，此等駱駝皆為給喀爾喀等存養，駱駝若有繁衍其繁衍者歸喀爾喀等取之，若有倒斃則令伊等償還，而此劣駝皆為喀爾喀等之私駝，以劣駝換皇上之駱駝，驛站章京等經私下與喀爾喀等商議之後，已為劣駝補取馬匹等語，此事怎講。供稱為扎克拜達裏、翁金伊克哈布查海二地，我籌辦駱駝八百，所有駱駝沒有一般整齊，極劣者我亦未取，八百駱駝中亦有劣者，當時蒙古等來交駱駝我優柔姑息而收劣者，我辦事不

〔註530〕原文作「何要」，據《歷史檔案》一九九七年第一期改為「何人」。
〔註531〕原文作「代」，據《歷史檔案》一九九七年第一期改為「供」。

力無話可言，喀喇沁、土默特蒙古人不知駱駝之歲口，且又妄選，故而我曾罵過，我與驛站章京言駝有劣者，可將其情呈報與我，而爾等如何言語，亦無濟於事者是實，此等之事俱係我所驗辦之事，我不曾央求於章京，而驛站章京私下與喀爾喀人商妥之後，為劣駝補領馬匹者，或許有之但我不知此事等語。訊宗札布，據石成奏，爾於七月十一日自扎克拜達裏起行返回，宗札布坐於車，而蘇楚泡又名八十四乃額定兵丁離開駐地私自跟隨，走過六座驛站之後於第三十驛站即葛里特薩布烏蘇地方，令其乘驛返回云云，此事怎講。供稱我於七月十一日從扎克拜達裏起程返回，由於患有足疾，乘車回來是實，而八十四請假後前來送行我，當我訊問其所乘之馬時言稱為己之馬，伊返回時將我騎來之驛馬交伊騎回等語。訊宗札布，據石成又奏稱，途中額外多騎用剛移設之三四十匹馬，仍不敷用即騎用驛站蒙古人之己馬，又隨帶三十餘名蒙古驛夫，車前有一對牽狗人，一對備鞍馬，一對閒人，排列成三對，駕車騎馬人有四名，車後跟隨十餘人，每到一站若有驛站章京不率眾迎送即遭打罵，宗札布親令眾人摘取帽子，雙腿跪地叩頭歡呼主人，伊之家人妄行打罵眾蒙古人，宗札布視皇上之驛站蒙古人實不如其家人云云，此事怎講。供稱驛站蒙古章京前來迎送皆為伊等之習俗，絕無不迎送者，我騎用額定馬為七匹，領催額勒碩色為二匹馬，送回馬匹之烏拉齊等均由驛站蒙古章京酌情派遣，送回馬匹之人或前或後隨意行走，驛站烏拉齊中其善逢迎者，見我為蒙古人，或稱為台吉者有之，或稱為諾顏者亦有之，或摘帽叩頭者更有之，而我未加阻止，亦未能管束我家人，此乃我之過，我無言以答等語。訊宗札布，據石成奏，爾於五月十一日抵達扎克拜達裏之後並不移設臺站，而處處躲開，推諉於原都統五格、驛站官員三達里等，以致延誤達四十餘日，於六月十六日纔行文迅速移設，猶由蒙古人等皆為懼怕，故而迅速前來移住，舊路自西南方殺虎口向東北方直至扎克拜達裏，新路則自東南方張家口向西北方直至扎克拜達裏，由於新路近，又驛站縮短，凡移來之驛站，皆自西南向東北遷移，然因多沙漠，行走戈壁，可走三四十餘日，於八月初十日以後該四十戶驛站人員終抵新路各個驛站，沿途官畜瘦弱跌斃，而伊等之業畜，每驛站倒斃六十以下不等，由於馱騎無畜，背負子女步行而來云云，此事怎講。供稱我等於五月十一日抵達扎克拜達裏，當時馬畜尚未上膘，故而等候馬畜上膘，又等候嚮導，於六月十六日派遣領催額勒碩色前去辦理移設臺站之事，而都統五格於二十日內起赴督理移設，此次之延誤以及驛站蒙古人牲畜倒斃，皆因我之昏庸所致，我無言以答等語。訊宗札布，據石成奏，爾每到一站打罵章京驛夫，有人找爾訴事則不辨別是非，反而責打無

干人員，次日又領所有驛站人員多走數站，因驛站人員家中無人放牲畜，牲畜難免被偷被狼吃掉云云，此事怎講。供稱驛站蒙古人等前來我處訴事時，其應訴事於驛站官員者我均打發伊等前去訴事於該管扎爾固齊，而其不應找官員訴說之事，我均加以酌情辦理之，於該驛站不能完結者我即帶往另一站完結者亦有之等語。訊宗札布，據石成奏，聖主委派宗札布乃專門信賴而委以此任，但宗札布不念皇上之重托，僅圖安逸，肆意妄行，擾害蒙古，損害公務，蒙古人等每言及責打擾害之事，皆而向南方禱告聖上曰，聖主乃佛爺矣，我等草芥奴僕何以報答皇上恩施拯救再生之隆恩，對於皇上之撫恤至意將軍宗札布不知曉，伊來此之後如此擾害，皇上在京城寶座前必將明鑒矣等語，叩頭哭泣，怨氣沖天云云，此事怎講。供稱，我已玷辱皇上之信任，無言以答等語。訊宗札布，據石成奏，石成訊問各驛站參領章京等，此一新地對於牲畜何如，水草好否，爾等可有過冬夏牧地方，伊等則稱我等原為東部土默特蒙古，因無法生存，皇上特賞效力之道，將我等安置於驛站，每年施恩賞賚加以養育，我等皆已立有家業，舊路地方多有戈壁，冬季寒冷，不利於牲畜，皇上將我等移至如此有水草之地，水草美且地平，冬夏所住地方亦甚佳，此新路一帶所生長之草卉皆宜於牲畜，仰蒙聖恩在舊路地方尚且能立家業，而此新地方又有何不便，惟前遷移四十戶時若自五月十五日起開始遷移，則我等可於途中邊行邊牧放牲畜，於六月十五日之後抵達新地，六七八此三個月內牲畜皆能臕肥，一應公差皆不耽誤，實於六月二十日之後方令我等遷移，於八月內方抵達，途中馬畜皆瘦，且此地之草亦變枯黃，若不算閏四月現為九月節氣矣，牲畜臕肥時節已過，倘不休養遷來牲畜，仍用傳遞馳報，又今年將其餘二十戶遷移過來，則牲畜難以存活矣，當遷移其餘二十戶時正值寒冷季節，既便皆已遷來牲畜亦於事無益，若將現已遷來牲畜暫行休養，凡事仍由舊路傳遞，則因舊路二十戶所有牲畜未動，且夏季皆上臕，故不致於誤官差，俟明年返青之後牲畜有救時再令四十戶當差行走，而其餘二十戶開始遷移，則牲畜不致於倒斃，對二者皆有利等語。再據前來交付駱駝之喀爾喀等言稱，六月二十五日杭愛山降大雪，奴才等前來時於七月二十日亦降小雪，凡高處之牧草皆枯黃，僅有低處之牧草尚微綠，又查看各驛站之牲畜，自第三十驛站至十二驛站共十八驛站牲畜實有瘦弱者，此等情由宗札布理應具奏請旨，但伊懼怕延誤之罪，而欲草率遷移，以圖了事，故咨令二十戶遷移，從新路傳遞咨事云云，此事怎講。供稱遷移四十戶時其餘二十戶之妻子馬畜家產等多半均隨前期遷移人員一同移來新

站，而留下之男人及馬畜等儘量減少，暫且留守驛站，由於馬畜尚未〔註532〕臕肥，於寒冷之時已令遷移，自舊驛站抵達新驛之道路遠近不等，牲畜自遠道而來者較瘦弱，自近處而來者仍為好，此等情形宗札布擬返回後再行奏報，由於石成先行控告我，故而未能具奏，此等之事皆因我之昏庸所致，我無言可答等語。訊宗札布，據石成奏，再經奴才觀察蒙古人情形，宗札布確曾擾害伊等，而宗札布用以何等言語蠱惑伊等之處，奴才未聞確信，故而不敢妄奏，但蒙古人較前似有疏懈之情，是以奴才擬寫蒙古文書咨行驛站章京等，以陳述皇上恩德並言宗札布擾害爾等之事職已具奏皇上，望爾等當差如前，好為行走等因擬寫蒙古字咨行之云云，爾必如實招供如何擾害蒙古人等，又如何蠱惑之處。供稱宗札布我本為一介昏庸之人，荷蒙聖恩將移設臺站之事委託於我，我雖竭盡全力辦理，尚且不能報効，又何敢蠱惑蒙古人等以廢公務，我有辱罵驛站蒙古人之事，若謂我擾害驛站則我又有何言以對，此皆為我之死罪等語。

訊巴特瑪，宗札布抵達爾住驛站之後，與爾言及何事，與驛站蒙古人言何之事，爾務必一一如實招供。供稱我本不認識宗札布、石成，宗札布等前來住宿我住鄂布隆驛站之日我前去拜見宗札布等，宗札布將我引入其所住蒙古包之後飲茶時訊問我住驛站蒙古人生計、牲畜數目等，旋又訊問我是否革職〔註533〕後來此，我答以為是，宗札布言現今我蒙古人時運已盡，其辦事者皆為漢大臣，今日漢人興盛而蒙古人何以得能興盛，第十三王年幼無知，於我蒙古人又有何事云云，我觀察宗札布情形已醉匪淺，我甚懼怕一言不發，即回我住驛站，其餘之事我不曉得等語。訊巴特瑪，據石成寫信稱，宗札布曰而今之世滿洲蒙古斷難興盛，凡首輔大臣皆為漢軍漢人，故漢軍漢人必興盛云云，據爾供稱宗札布言，現今我蒙古人時運已盡，其辦事者皆為漢大臣，今日漢人興盛，而蒙古人何以得能興盛云云，以上所言似有出入，其因何在，務必如實招供。供稱宗札布與我言蒙古語，伊言馬奈蒙古爾（manai monggol）〔註534〕，未言滿珠（manju）〔註535〕，而言朱爾齊奇塔特（julci kitat）〔註536〕並未專指漢軍等語。

〔註532〕原文作「為」，據《歷史檔案》一九九七年第一期改為「未」。
〔註533〕原文「章職」，據《歷史檔案》一九九七年第二期改為「革職」。
〔註534〕譯註：意為我們蒙古。輯者註：《歷史檔案》一九九七年第二期作 manai monggo，意為我們蒙古。
〔註535〕譯註：意為滿洲。
〔註536〕譯註：意為不友善的漢人。輯者註：《歷史檔案》一九九七年第二期作 julqi hitad，意為不友善的漢人。

又傳巴特瑪前來，令其以蒙古語重複一遍前供，以令宗札布聽，而後訊問宗札布對此事怎講，如實招供。宗札布供稱，我抵達鄂布隆驛站之當天飲酒甚醉，巴特瑪前來我處時如此妄言者確有其事等語。訊宗札布，爾與巴特瑪如此言者其意何為，除巴特瑪之外爾尚與何人言此，如實招供。供稱我於當日由於醉酒與巴特瑪妄言是實，並無他意，除巴特瑪之外不曾與他人言此等語。

訊石成，據爾奏稱，經觀察蒙古人情形宗札布確曾擾害伊等，而宗札布用以何等言語蠱惑伊等之處，奴才未聞確信，故而不敢妄奏，但蒙古人較前似有疏懈之情，是以奴才擬寫蒙古文書咨行驛站章京等以陳述皇上恩德，並言宗札布擾害爾等之事職已具奏皇上，望爾等當差如前，好為行走等因，擬寫蒙古字咨行之云云，爾之此文內尚寫有何事，於何月何日自何驛站如何咨行驛站章京，如實招供。供稱夫驛站者皆為動用正項錢糧而置設矣，由於宗札布擾害蒙古人，小人愚思對於蒙古人而言聖主乃佛，故小人曰聖主養育爾等，今若將爾等仍安置於舊路則多戈壁，又路遙遠，於爾等生計無補，今專差宗札布前來移設驛站於此水草之地，乃利於爾等生計之意，然宗札布來此之後行止悖謬，故我俱行具奏，望爾等勤勉於公務，妥為看守驛站馬畜，尋覓水草之地好為牧放，不得誤事等因，來至歸化城後具奏我摺，擬至頭站張家口察罕托羅海地方再咨行該文，然自歸化城前來張家口時由部院領催額勒碩色、宗札布家人那木扎爾來接我，我等於八月二十五日抵達張家口，當日即捉拿我，故不及行文等語。訊石成，宗札布如是擾害驛站蒙古人，爾何不先行具奏，驛站之事如此而為後，爾方具奏，其意何在，再據爾奏稱，已寫蒙古字咨行驛站蒙古等因具奏，今爾又稱不及行文者何耶，宗札布與巴特瑪所談之言，爾必所聞，何不寫入於奏摺內奏聞，又不呈文拉錫，而反呈文於舅舅隆科多，其因何在，再據巴特瑪供稱，宗札布與巴特瑪言，現今我蒙古人時運已盡，其辦事者皆為漢大臣，而蒙古人何以得能興盛云云，宗札布未言及滿洲漢軍，而於爾之呈文內則寫為滿洲漢軍者何耶。供稱宗札布前往移設臺站時並不走驛站路，故我未能具奏，再於我之奏摺內雖奏稱我已行文各驛站蒙古，實則未及行文，此乃純屬捏報，我之死罪，無言以對，至宗札布與巴特瑪所談之言關係重大，時我愚思，我若舉報，而巴特瑪不承認，罪必及於我，若不具奏，又甚痛恨宗札布，故僅呈報於我衙門大臣，宗札布僅言為漢人，而拉錫係蒙古人，故未呈文拉錫，僅呈報於舅舅隆科多，此乃呈文有異之緣由，再宗札布未與巴特瑪言及滿洲漢軍，皆係我之增添者矣等語。訊石成，據爾呈文舅舅隆科多，宗札布與巴特瑪言怡王尚為孩子，

無知，卻將國事交與伊辦理，如此何以能夠興旺云云，據巴特瑪供稱宗札布與我言，第十三王年幼無知，於我蒙古人又有何事云云，宗札布未言怡王為孩子，無知，卻將國事交與伊辦理，如此何以能夠興旺等言辭，恰於爾之呈文中如此繕寫，其意何在。供稱宗札布與巴特瑪言十三王年幼無知，巴特瑪出去後，宗札布又與我言將國事交與怡王，何以能夠興旺云云，由於事屬一轍，故於小人呈文內未加分別敘述者是實等語。

竊臣看得宗札布身為大臣，於軍營辦事理合竭盡効力行走，允禵肆意妄為之時宗札布並不勸阻，反而奉迎討好，臣而不忠於國，與允禵朋比為黨，罪莫大於此，聖主明如日月，光照萬里，如同所見，逐一指出，臣將聖主論旨宣讀於宗札布聽，宗札布低頭認罪，無言以對。皇上洞察宗札布之前罪而不殺，卻恩准乘驛，差往張家口外移設臺站，乃准効力贖罪也，而宗札布理應効力贖罪以報皇恩，然而宗札布出塞後不念移設臺站之事，全推給於侍衛達西、赫默音而拖延時日，進蒙古人家中飲酒，酒後肆擾毆打蒙古，額外多騎用驛馬，又不用蒙古，詆毀怡王無知，如是等等逐一訊問，宗札布供認不諱。宗札布前在軍營時以奉允禵為是，又經夤緣保舉為將軍，後奉論旨赴塞外時不念移設臺站之事而擾害蒙古，妄加詆毀國政，情甚可惡，是以照大逆不敬之刑律例，將宗札布擬以斬罪，立即斬之。石成糾參宗札布時理應如實具奏，伊不曾給蒙古等行文，卻謊奏已咨行蒙古文，將宗札布之妄加詆毀言論不繕寫於奏摺內，而呈文於舅舅隆科多，卻不呈文於都統拉錫者實屬妄為，是以照奏文不實者，責打一百徒三年罪之刑律例，將石成擬以革職枷號四十天打一百鞭。巴特瑪者乃住驛站官員，已質審明白，是以擬勿庸議。如此辦理當否之處，伏乞聖主敕部議覆施行，為此謹奏請旨。

雍正三年三月二十四日

〔203〕川陝總督年羹堯等奏請康濟鼐留任藏務摺（雍正三年四月初二日）[3]-1979

撫遠大將軍太保公四川陝西總督臣年羹堯等謹奏，為欽奉上論事。

本年三月初三日臣等具摺奏請將康濟鼐留於藏為首辦事，奉旨，論大將軍年羹堯，將康濟鼐議駐於藏者雖是，唯康濟鼐所駐阿里克地方亦甚緊要，康濟鼐情願與否，及與阿爾布巴、隆布鼐等相合與否，既不稔知，而令康濟鼐為首，若率其所屬數百之兵駐於藏，則有不便，阿爾布巴等若不心服，以康濟鼐獨身

駐之，縱有効力之心，若無主張則亦無用，以朕之見，若使康濟鼐仍皆看雙方〔註537〕，則康濟鼐得以往返行走，可照看二地，有於事似有裨益，若論康濟鼐駐藏，則以為既已命駐，雖欲赴阿里克地方照看，亦不敢即行矣，似應多加考慮，將此著一併由大將軍年羹堯與侍郎鄂賴再行周詳定議具奏，若使康濟鼐於兩處往返行走認為合理，康濟鼐若前往阿里克地方，則詳定駐藏為首之人，一併具奏，特諭，欽此欽遵。該臣當即抄錄，齎與侍郎鄂賴商定，咨覆該臣。該臣等會議得，貝子康濟鼐於〔註538〕準噶爾車凌棟羅卜〔註539〕等來招之時，因康濟鼐勞績超群，現在達賴喇嘛以康濟鼐為黃教而効力，給予戴青巴圖魯名號，推崇備至，凡聚會議事，康濟鼐之舉止亦異於阿爾布巴、隆布鼐等人，即使貝子阿爾布巴、公隆布鼐、眾第巴、中庫爾〔註540〕等亦皆恭維康濟鼐，據此請將康濟鼐即照諭旨，於招地方、阿里克地方往返行走，照看兩地，再向來平時辦事，若康濟鼐在招皆由康濟鼐為首辦理，康濟鼐若前赴阿里克地方，則由貝子阿爾布巴為首辦理，今在招地方之貝子公諸台吉內，貝子阿爾布巴雖効力不如康濟鼐，為我深信，然阿爾布巴為人尚可，原先康濟鼐來招以前皆由阿爾布巴為首辦理，據此康濟鼐若前赴阿里克地方，擬即令貝子阿爾布巴為首，會同其餘之公諸台吉辦理招之事務，為此謹奏請旨。

　　雍正三年四月初二日

　　撫遠大將軍太保公川陝總督臣年羹堯

　　理藩院侍郎臣鄂賴

〔204〕川陝總督年羹堯等奏請議覆安置達賴兄長摺（雍正三年四月初二日）[3]-1980

　　撫遠大將軍太保川陝總督臣年羹堯等謹奏，為欽奉上諭事。

　　先經該臣以達賴喇嘛兄辰壘口供具摺請旨，奉旨，著將辰壘寬免，唯不可將其遣回赴藏，如何贍養何處安置之處，著大將軍年羹堯、侍郎鄂賴核議具奏，欽此欽遵。該臣曉諭辰壘，欽命將爾寬免，據辰壘稟稱，我係身獲重罪之人，

〔註537〕　「雙方」《年羹堯滿漢奏摺譯編》滿文第一七四號文檔譯作「兩邊」，意為阿里與前藏兩地意。

〔註538〕　原文誤作「子」，今改正為「於」。

〔註539〕　《平定準噶爾方略》卷四頁十八作策零敦多卜。《蒙古世係》表四十三作策凌端多布，父布木。此人為大策凌端多布，以區別於小策凌端多布。

〔註540〕　常作東科爾、東闊爾，即西藏貴族世家之稱謂。

應即斬殺，蒙大皇帝廣如天好生之慈，將我寬免未殺，我終身感激不盡等情，叩頭稟告。又問辰壘，爾原係班第，今意欲仍作班第乎，抑為俗人乎。據稟我原係班第，吾戒為羅卜藏丹津所毀而娶妻，今再作班第將被人恥笑，願為俗人度日等語。該臣將所奉之旨，及辰壘所告之言皆繕錄咨與侍郎鄂賴商定，咨覆該臣。該臣等會議得，辰壘今情願作俗人，相應請旨〔註541〕辰壘作為俗人，安置於裡塘，請飭裡塘之員，以蠻人交納之青稞每月給辰壘及隨從人等各三斗，動支官銀每月給辰壘二兩，製作衣服穿用可也，如此則辰壘托皇上之恩，可得長久生計，而彼等每月支領青稞銀兩，亦便於稽查，為此謹奏請旨。

雍正三年四月初二日

撫遠大將軍太保公川陝總督臣年羹堯

理藩院侍郎臣鄂賴

〔205〕川陝總督年羹堯奏請准予青海臣民進京摺（雍正三年四月初四日）[3]-1983

撫遠大將軍太保公四川陝西總督臣年羹堯謹奏，為請旨事。

該臣前在西寧時所奏善後事宜十三項內，曾奏稱將青海之王貝勒貝子公台吉等編為三班，三年派出一班，令其自力由塞外赴京朝覲納貢，今該臣再行詳思，聖主將內外一視同仁，又施重恩於青海之人，使彼等皆如內地之人，伊等赴京時若令行塞外，則不符聖主將內外一視同仁之意。再聖祖仁皇帝之時青海之人赴京，塞內塞外俱視彼等之便行走，該臣請青海之人赴京仍如從前，塞內塞外視其方便行走，若行塞內，請預將彼等前來之人、隨從之人數額報於西寧之員，行文沿途地方官員以備彼等行糧，其騎來馬匹牲畜如有疲憊倒斃者，由地方官員監督，幫助租賃可也，如此則青海人等得知聖主將天下之人一視同仁之至意，而益加感恩矣，為此謹奏請旨。

雍正三年四月初四日

〔206〕川陝總督年羹堯奏報懲處貝子允禵事摺（雍正三年四月初四日）[3]-1986

撫遠大將軍太保公川陝總督臣年羹堯謹奏，為參奏事。

臣查得貝子允禵乃一奸惡歹人，聖主仁慈並未將伊治罪，派往西大通軍令其

〔註541〕原文作「請併」，今改為「請旨」。

改過，而允禵理應感戴聖恩，改正邪惡，嚴管下人，安寧而居。允禵自駐西大通以來並未改正己過，反而滋生亂事，不稟報臣，不曉告地方官員，擅遣護軍烏雅圖等三人往和州〔註542〕採購草料，於和州周圍黃河彼岸二地牧馬，查勘地方，又擅派人往上川口買豆，又任意修造木排渡大通河遊玩。再隨其福晉而來之人於山西省平定州地方胡亂毆人傷民，此皆允禵平素不念主恩，不嚴加管束屬下之人所致，此等事項臣奏事亦有，地方官員咨文允禵之處亦有。今聖主特遣都統宗室褚宗至西大通，嚴加管束其屬下人，允禵若作亂當即制止，若不聽從，則立即參奏，褚宗至西大通之日允禵藉口足疾不出，不請聖主之安，後褚宗往伊駐地召出，令伊跪於院中降旨之時貝子允禵理應誠惶誠恐叩拜，而並未叩拜，毫無惶恐之狀，傲慢地口出狂悖之言，稱降旨俱是，我有何言，我惟懇請出家脫離紅塵之人，有何作亂等語。由此看來允禵並無君臣之道，不懼國法，怙惡不悛，放縱下人，擾害民眾，顯係恃強抗拒，臣懇請將貝子允禵交付該衙嚴加議處，謹此奏聞。

雍正三年四月初四日

〔207〕杭州將軍年羹堯奏報安置厄魯特蒙古人等事摺（雍正三年七月十九日）[3]-2098

太保公鎮守杭州等處地方將軍臣年羹堯謹奏，為欽遵上諭，明白回奏事。

竊准理藩院來文稱，由臣部議，接准振武將軍公傅爾丹來文稱，據厄魯特台吉吉克吉扎布遣其喇嘛敦多布噶隆呈稱，顧實汗掌黃教之際，我祖巴圖魯濟農〔註543〕助教，從此我父為左翼濟農，於甘肅西喇塔拉〔註544〕居住七十五年，青海之亂我寧靜以居，去歲將此等緣由呈報駐甘肅貝勒將軍〔註545〕，貝勒將軍以傳送太保公奏聞，已降旨於太保公，五月我去西寧時據太保公言，爾之事已完結，今爾有兄弟耶等情。我告稱據耳聞青海有索諾木策零、杭愛有公巴濟等情。又問爾今去杭愛或青海耶。我言前青海亂時我未去依附，今欲去我遊牧所杭愛。伊言是也，去罷等情。言畢跟隨審事人八月初一日自遊牧所起行，初五日出邊門，從此遷移，九月二十五日到額濟訥，此間因瀚海大，我等之牲畜倒斃三分之二，正在此時王策零旺布〔註546〕旗人等攜貨來，買大小百餘口，

〔註542〕和州為河州之誤，即今甘肅省臨夏州。
〔註543〕《蒙古世系》表三十六濟克濟札布之祖作卓哩克圖岱青。
〔註544〕漢語名大草灘，今甘肅省民樂縣、山丹縣等祁連山北麓適宜遊牧地區。
〔註545〕指延信。
〔註546〕屬準噶爾部，《蒙古世系》表四十二作策凌旺布，父阿拉布坦。

憑藉此力，取牲畜行糧而出，逃者二十三戶八十六口，又為不諳地方貧窮人等聽，王策零旺布念皇上，撥駝五十隻與我等，言行抵遊牧所後取之，將我之一切情由，請予憐憫等語。詢問所遣喇嘛敦多布噶隆，何人令爾等往住喀爾喀地方，爾等有部文，爾之台吉現在何處。據告稱我等未帶部文，太保公令我台吉往杭愛與兄弟完聚，並派審事人送我等出邊門後，審事人返回，我等遷至額濟訥後，我台吉將無牲畜不能行走者留於額濟訥，帶百餘戶人至推河，遇厄魯特王策零旺布，以一半留於推河，一半送至察罕霍賴居住，我台吉又向厄魯特王求取駝隻去取留於額濟訥之人等，等語。

查得先是於將軍年羹堯所奏於會盟所佈告之十二款內云，將在青海之喀爾喀、輝特、土爾扈特等，不可列為諸申〔註547〕，有願回其原籍者聽其自願返回，倘有願居青海者則經具奏後將其為首者授為扎薩克一員，率其部下人等居各所指之地云云。議政處以照年羹堯所奏為之等因具奏在案，將台吉吉克吉扎布遷至輝特公巴濟遊牧所合居之處，將軍年羹堯並無咨行臣部，至是將軍傅爾丹即云輝特台吉吉克吉扎布已遷來與其族公巴濟合居，則咨行將軍傅爾丹，查台吉吉克吉扎布及其部下人等，准與公巴濟完聚，同住一處，並查台吉吉克吉扎布原在青海時為誰所屬，其部下諸申共有幾何，查畢來報。既言台吉吉克吉扎布遣駝去取留於額濟訥之人等，則到來時亦准合牧一處，伊等為新來之人，交付公巴濟好生照看之，俟其部下人等俱至，其編佐領之處，公巴濟查定報部時再行議奏可也，為此謹奏請旨等因。雍正三年五月二十七日交付乾清門二等侍衛阿弼達轉奏，召公舅舅隆科多、尚書特古忒入內面諭曰，輝特台吉吉克吉扎布之事年羹堯只以密摺具奏，並未報部，且亦未咨行將軍屬下扎薩克等，交付一章京送至邊口即行返回後，一切不管，豈有此理耶，況且如此傷害此一群人何意，伊並非不諳何事之人，豈有辦此等事情之例耶，年羹堯以為凡事伊有密旨，任意區處者，何〔註548〕以故意妄行也，將此咨行年羹堯，令其明白回奏，事依議，欽此欽遵等因到臣。

臣欽遵查得，臣前在西寧時於會盟所佈告之十二款內，以在青海之喀爾喀、輝特、土爾扈特等有願回其原籍者，聽其自願返回，倘有願居青海者則經具奏後，將其為首者授為扎薩克一員，率其部下人等居各所指之地等因具奏，五月十一日會盟畢臣於十二日起行返回西安任所，將此等蒙古之事皆交付振威將軍

〔註547〕譯註：清《五體清文鑑》釋為滿洲奴僕。
〔註548〕原文作「盍」，今改為「何」。

公岳鍾琪、副都統達鼐，臣並未派人送台吉吉克吉扎布之處，其後岳鍾琪等如何派人送台吉吉克吉扎布至邊口，亦未報臣，臣雖在西安，理應詳辦此等事，但預先未能辦，以致吉克吉扎布如此受累者此皆臣之罪，為此謹明白回奏。

雍正三年七月十九日

〔208〕杭州將軍年羹堯奏報未向兵民宣讀恩詔緣由摺（雍正三年八月初六日）[3]-2127

鎮守杭州等處地方將軍一等公臣年羹堯謹奏，為遵旨奏明事。

竊准兵部來文稱，由內閣交付翰林院侍講學士臣懷親謹奏，為參奏事，仰蒙聖主令奴才委署內閣學士，隨大將軍印赴西寧，行抵後看得，齎到恩詔兩次，年羹堯率眾官跪於城外，迎入衙門，按例齎捧到恩詔，跪迎接領，恭設香案，率眾官跪讀，宣讀畢再行謄抄，張示各府州縣村，佈告兵民人等，年羹堯奉恩詔兩次，未向眾官員宣讀，未張示佈告各府州縣村，官員兵民人等止知恩詔已到，但不知內情，不宣讀恩詔，不張示宣諭各府州縣村者，不知年羹堯有何意，為此謹參奏等因。雍正三年五月二十八日交付奏事張文斌等轉奏，奉硃批諭旨，著年羹堯明白具奏，欽此欽遵，為此咨行等因，於雍正三年八月初三日前來。

臣謹遵查得臣在西寧時，奉接恩詔兩次，齎到恩詔後西安甘肅兩地方巡撫先迎領，即召集眾官宣讀刊刻，刷印於黃紙，交付地方官員張示各地宣諭兵民，恩詔到西寧後臣率在西寧之官員排站，跪迎恩詔入衙門，供獻行禮畢，即謄寫於黃紙，給督兵大臣等看視，再以各地兵民皆已知曉，故未再宣讀，此乃臣之愚昧之處，為此謹奏明。

雍正三年八月初六日

〔209〕川陝總督年羹堯奏報派人率兵緝拿藏地叛賊摺[3]-5153

臣年羹堯謹奏，為奏聞事。

據駐藏內閣學士鄂賴、總兵官周瑛呈報，我等先聞之，吹喇克諾木齊遣人來玉蘇克〔註549〕地方調兵，即著參將趙如〔註550〕率兵，前往玉蘇克地方，

〔註549〕為清時期玉樹部落，非今青海省玉樹縣所在地結古鎮，清代玉樹部落位於金沙江之上源，當青海入藏大道渡口，今青海省治多縣一帶地區。

〔註550〕《四川通志》（乾隆）卷三十二頁四十一作建昌鎮中營遊擊趙儒，康熙六十一年任。此人康熙五十九年隨定西將軍噶爾弼自四川入藏，常年駐藏辦事，應即此人。

緝拿吹喇克諾木齊之人，已招服本地民人。今趙如前來報稱，據玉蘇克地方番子頭目巴圖爾諾彥等來營稟告，我等玉蘇克地方原非青海所屬，去年七月吹喇克諾木齊差遣二人，一名襄蘇諾彥，一名莫德齊寨桑，此二人聞伊等台吉反叛，即往我處調兵，我等仰蒙天國之恩，可隨行伊等乎。況囊蘇諾彥今年同青海之夏圖寨桑往木魯烏蘇劫掠欽差商上喇嘛、商上大臣〔註 551〕，伊等若逃往，我等即不能擔承，今聞遣派駐藏大臣之軍，特遠尋來投，復出首囊蘇諾彥等，倘收我等，我等甘願執囊蘇諾彥、莫德齊寨桑解來，查出伊等劫掠之物，一併解來等語。趙如我觀之，投來之語誠懇，即著外委把總及楚庫拉台吉率綠營、番軍一百，同巴圖爾諾彥遣往玉蘇克地方，執襄蘇諾彥、莫德齊寨桑解至藏地，我等會審，囊蘇諾彥等亦供認不諱，此二賊係叛匪同黨，且又有劫掠我等人之處，故此俱照大軍佈告正法外，此劫掠之物，因路途遙遠，尚未解至。查商上喇嘛等來藏，惟因路不通，因未陳述被掠緣由而未稟報，此商上喇嘛等由藏啟程，將在員外郎常保前為軍需備銀，借取八百兩作盤費而往，今俟其原劫掠之物解至後，查明抵扣原伊等借取銀兩，倘有餘，即均賞効力者，謹此奏聞。

硃批：知道了。

〔210〕川陝總督年羹堯奏報解送達賴喇嘛使臣來京摺[3]-5154

臣年羹堯謹奏。

據駐藏內閣學士鄂賴等來報稱，達賴喇嘛遣貝子康濟鼐，阿爾布巴、達賴喇嘛之父索諾木達爾扎等來告，羅布藏丹津負恩反叛，聖主仁愛，恐來我土伯特地方擾害，特派遣大軍堅定鎮守我喀木藏衛等處。復著我照五世達賴喇嘛賜封印冊，以此我叩恩奏書，與扎薩克大喇嘛羅布藏巴勒珠爾噶布楚〔註 552〕等共同遣之，遣此使臣等，既然內地堅固，可由打箭爐路派遣等情。再扎薩克大

〔註 551〕《年羹堯滿漢奏摺譯編》滿文第一八一號譯作尚喇嘛，上大臣。此處翻譯不準確，《西藏通史松石寶串》頁七二八載，清世宗繼位後遣大喇嘛饒絳巴、班薩饒絳巴、侍衛絳多至拉薩頒賜賞物。《頗羅鼐傳》頁二二七載，清世宗繼位後遣扎薩克大相蔥姜巴至藏在各寺廟供奉僧侶，即熬茶諷經。此喇嘛與侍衛自藏返回時被搶掠，故此處之喇嘛大臣即指此一行人。

〔註 552〕《大清一統志》（嘉慶）卷五百四十七載，康熙五十六年遣喇嘛楚兒沁藏布蘭木占巴、理藩院主事勝住等繪畫西海西藏輿圖。《平定準噶爾方略》卷八頁十六作喇嘛楚兒沁藏布喇木占巴。此喇嘛與主事勝住於西藏地理考察及地圖測繪史上為重要之人物。

喇嘛羅布藏巴勒珠爾噶布楚、員外郎勝珠〔註553〕亦為達賴喇嘛謝恩遣使，同我等於六月初七日〔註554〕啟程，由巴爾喀木打箭爐路前往，騎馱馬匹共需四十一，等情報來。竊臣查得打箭爐驛站馬匹甚少，使臣用馬匹多，故此臣行文四川巡撫王景灝，由打箭爐租騾，將使臣等解送西安後，由我處送往京城等情，謹此奏聞。

　　硃批：知道了。

〔211〕寄策妄阿喇布坦書稿[3]-5338

　　撫遠大將軍太保公川陝總督書寄台吉策妄阿喇布坦。

　　台吉身體好嗎，我原聞台吉爾人聰睿曉事，然去年我為眾生靈遣人勸爾，爾並未見我面，即曉我意而遣使，該使返回後，今年復遣使，台吉爾確實人聰睿，不僅曉事，尚不失信，故此我甚讚賞爾，今聖主仁慈如天，明如日月，以此爾本身得以事明，況爾屬下萬萬生靈俱得以安生，故此我為爾甚歡忭，嗣後既不斷遣使，爾問好之信屢寄於我，適纔爾之使臣根敦來時寄我之劄付一件我已收取，我體安好，祝爾快樂，禮物並寄。

　　硃批：知道了，從容商量妥當好。

〔212〕年羹堯奏請批發西藏撤兵後令康濟鼐兼辦西藏阿里等事片　（雍正三年〔註555〕）

　　臣羹堯謹奏。

　　西藏撤兵之後令康金鼐往來兼辦西藏阿里克事情，臣與鄂賴會同酌議，於四月初二日具摺請旨，未蒙批發，今撫遠大將軍印信於四月二十四日遵旨齎送〔註556〕回京。所有前摺議奏之事，伏祈批示臣，以便敘明奉旨緣由，即用總督印文行知總兵周瑛遵奉料理，臣謹奏請旨。

　　硃批：因繳庭議，所以未披發，已有旨了。（一史館藏宮中硃批奏摺）

〔註553〕《大清一統志》（嘉慶）卷五百四十七載，康熙五十六年遣喇嘛楚兒沁藏布蘭木占巴、理藩院主事勝住等繪畫西海西藏輿圖。《平定準噶爾方略》卷八頁十六作喇嘛楚兒沁藏布喇木占巴。此喇嘛與主事勝住於西藏地理考察及地圖測繪史上為重要之人物。

〔註554〕雍正二年六月初七日。

〔註555〕原註，時間為編者考定。錄自《元以來西藏地方與中央政府關係檔案史料彙編》第六二三號文檔。

〔註556〕原文作賫送，今改正為齎送。

〔213〕奏聞賞賜達賴喇嘛使者摺[4]-《滿》-178

臣年羹堯謹奏，為奏聞事。

達賴喇嘛所遣使者都拉爾台吉等，在西寧休息數日後遣回時，因伊等騎來之馬匹牲畜仍疲瘦，故又辦給馬十八匹、盤纏銀百兩、及茶葉炒麵等行糧頗豐厚，賞給為首使者都拉爾台吉緞三疋、副使額爾克敦多布緞二疋，四月三十日〔註557〕啟程遣回。臣我將給達賴喇嘛、班禪額爾德尼之信件大妝緞閃緞蟒緞綢緞倭緞坐褥等物，水果及給貝子康濟鼎、阿爾布巴，公隆布鼐之內緞蟒緞綢緞等物，皆交給都拉爾台吉等帶去，為此謹奏聞。

硃批：甚好，聞彼等四月初一日由招動身，到來為何如此之快，何時到來。

〔214〕奏聞羅卜藏察罕來投摺[4]-《滿》-179

臣年羹堯謹奏，為奏聞事。

二月初五日〔註558〕青海貝勒羅卜藏察罕、貝子濟克濟扎布〔註559〕等來投，抵達西寧。伊等到來之前貝勒阿拉布坦俄木布〔註560〕等所遣人內就有伊等之二家人，為此臣我問羅卜藏察罕等，爾等親來，為何不派人來。伊等告曰我等以前議定欲與策凌敦多布〔註561〕同抓阿拉布坦俄木布來歸，故正月二十八日眾人共同派人時我等照常派人，不料策凌敦多布屬下二宰桑逃跑，向吹拉克諾木齊報告，吹拉克諾木齊即連夜派人吃掉策凌敦教多布，將其母及伊抓獲，並殺屬下四辦事宰桑，聞此二十九日即攜婦幼來投大將軍，幸好我等前行之人告訴大將軍之哨卡，大將軍派軍迎接，追趕我等之人知而回去，否則我等亦將被掠等語。觀羅卜藏察罕等人甚為艱苦，人亦不多，臣我酌情賞給茶葉炒麵等物，大軍出征後仍遣彼等居邊外，為此謹奏聞。

〔215〕奏聞羅卜藏丹津情形摺[4]-《滿》-180

臣年羹堯謹奏，為奏聞事。

〔註557〕雍正二年四月三十日。

〔註558〕雍正二年二月初五日。

〔註559〕《蒙古世系》表三十六作濟克濟札布，顧實汗圖魯拜琥第二子鄂木布曾孫，父貝子羅布藏達爾札，降襲輔國公。

〔註560〕顧實汗圖魯拜琥長子達顏鄂齊爾汗孫，其父朋素克，《蒙古世系》表三十八失載。《如意寶樹史》載其父羅布藏彭措貝勒，其名博碩特拉布坦旺波。

〔註561〕《蒙古世系》表三十七作車凌敦多布，顧實汗圖魯拜琥第七子瑚嚕木什曾孫，父噶爾車木伯勒，祖達爾巴。

十一月十四日〔註 562〕鎮海堡參將張佳翰〔註 563〕報來，我曾派屬下通事回子托六等六人打探羅卜藏丹津消息，彼等回來告曰，我們至巴延諾爾〔註 564〕觀察，厄魯特等全部遷走，此中間並無人居住，我們回來路上抓一蒙古人帶回等語，故將被抓蒙古人一并呈上等語。問帶來蒙古人，伊告曰我名達什，乃察罕丹津之人，今年羅卜藏丹津掠我王察罕丹津，抓我等帶走，將我等之婦幼大半留在黃河那邊，僅將男人及較大宰桑等之家渡河帶來，曾讓我住在宰桑青克圖爾克附近之哈唐吉爾地方。十月初九日羅卜藏丹津啟程向這邊犯邊，曾派我去軍內，後因無馬匹我未來，我們宰桑等皆隨來。羅卜藏丹津來後將其屬下陸續遷往那邊，初四日駐守我等牧場之羅卜藏丹津所屬楚魯木等三台吉帶四十餘負傷步行人來到羅卜藏丹津牧場，告曰青克圖爾克之弟布達什、阿勒塔爾和碩齊，遷黃河那邊人去察罕丹津之牧場，殺散我守兵，負傷者甚多等語。初六日羅卜藏丹津逃至其牧地，聞阿勒塔爾和碩齊等將黃河那邊人帶去，將我台吉青克圖爾克、綽乎爾達什、阿濟哈克西哈等全部殺死，羅卜藏丹津燒掉其大蒙古包及所有笨重物，僅馱小蒙古包遷去，據聞前去洮蘇諾爾〔註 565〕、柴達木等地過冬，過年後準噶爾若來援則另有謀劃，若不來則於青草出時前去招。我未親去軍中，故不知被伊等帶走宰桑之名字，看得羅卜藏丹津之古都霍、莽奈、岱召、伊什等負重傷。又聞帶走侍郎常壽作為向準噶爾顯示彼等叛亂之憑證，先前不知準噶爾之使來否，自我在彼處以來，確知沒有準噶爾人。再他們內部傳說由松潘河州出兵八萬，甘州西寧亦將出兵八萬，遷移其屬下人時皆哭怨曰，現在正值產羊羔之際，此寒冷之時將我們帶到何處殺死等語。觀其馬匹膘略好甚肥者大約不過五分，駝皆在伊所居之地那邊未曾見，惟見伊附近之三百餘駝膘甚好，遷往那邊時，羅卜藏丹津無有固定宿地，頻頻遷移而宿，我乘彼等混亂之際獲馬逃回，途中遇這裏人，將我抓獲帶來等情，為此謹奏聞。

〔216〕奏聞策旺阿拉布坦之使摺[4]-《滿》-182

臣年羹堯謹奏。

臣我遣派前去辦理策旺阿拉布坦使者根敦等之按察司王景灝，詢問跟隨策旺阿拉布坦使者前來之屬人，告曰策旺阿拉布坦曾向羅卜藏丹津回派使者，

〔註 562〕雍正元年十一月十四日。
〔註 563〕《甘肅通志》卷二十九頁四十作鎮海營參將張嘉翰。
〔註 564〕此湖位於青海省共和縣恰卜恰鎮東巴村東十餘里。
〔註 565〕今青海省德令哈市托素湖，與可魯克湖相連。

頭目一人隨行十人，共十一人，使者根敦前來四五十日之前曾說，你若困迫，我使者來告後，我再助你等語，今仍在羅卜藏丹津處等情。再從問起跟隨根敦前來之人屢從我處逃出準噶爾吹木皮爾情況時，神情緊張來看，大概吹木皮爾未能出去，似死在戈壁之內。再謂策旺阿拉布坦彼等往來青海時，至羅布腦爾〔註566〕，不走噶斯路，由噶斯、察罕齊勞圖所走闊爾庫爾有一三岔路，從噶斯至羅布腦爾有二百餘里，此事跟隨使者根敦等之原筆貼式岱屯亦知道，此皆關係小之事，謹奏聞。

〔217〕奏聞阿拉布坦俄木布等遣使摺[4]-《滿》-183

臣年羹堯謹奏，為奏聞事。

今年二月初五日〔註567〕青海阿拉布坦俄木布、吹拉克諾木齊、巴勒珠爾阿拉布坦、羅卜藏察罕、濟克濟扎布、阿拉布坦、大阿拉布坦、盆蘇克汪扎爾、達什敦多布、伊西多爾扎布〔註568〕等遣使，大軍出發之前，臣我嚴厲審問阿拉布坦俄木布、吹拉克諾木齊之使者，阿拉布坦俄木布之使都拉爾宰桑卓特巴塔爾答曰，聽我主說，大將軍若寬免會盟，會盟之後各自回牧地，除此話外伊心中另有圖謀我何以知道，我之愚意我主雖敗逃，僅帶常瑪爾屬下人而已，伊之大妻斷不跟伊去等語。吹拉克諾木齊使者宰桑轄敦多布答曰，聽我主說大將軍若會盟，則仍回各自牧地居住，若無會盟之勢，或前去藏或去準噶爾，尚沒有決定，則我等眾人分散前去。再去年羅卜藏丹津、阿拉布坦俄木布、我主吹拉克諾木齊及青海眾台吉曾遣使準噶爾，謂我等叛內地，請派兵援我。策旺阿拉布坦回派使者之前，羅卜藏丹津等已叛，為內地大軍擊敗逃出後策旺阿拉布坦回派使者孟克到來，告曰我台吉之言，你們受內大汗之恩年久，居住離內地近，且你們內部不睦，行叛變之事於你們有什麼好，我居甚遠不能派兵援助，你們好好存在，我們派人派使來往，妥為生活纔好等情。我主吹拉克諾木齊、阿拉布坦俄木布、青洪台吉〔註569〕共九家台吉方纔害怕欲來一投，故派使來

〔註566〕即羅布泊，位於新疆尉犁縣東。

〔註567〕雍正二年二月初五日。

〔註568〕《蒙古世系》表三十七作伊什多勒札布，顧實汗圖魯拜琥第六子多爾濟曾孫，父額爾克巴勒珠爾，祖策旺喇布坦。《松巴佛教史》頁五五三表十作益西多勒扎布。

〔註569〕常寫作巴勒珠爾阿喇布坦，顧實汗圖魯拜琥第二子鄂木布曾孫，父納木札勒。《蒙古世系》表三十六失載。《松巴佛教史》頁五五〇表七作青黃台吉覺丹，父仁欽堅贊額爾德尼黃台吉。

投大將軍者在此也，遣回策旺阿拉布坦使者時與羅卜藏丹津之使都拉爾台吉、阿拉布坦俄木布之使額爾德尼台吉同遣等語。再吹拉克諾木齊等掠劫策凌敦多布之母楚克賴納木扎爾後，其屬下車臣托音逃出，二月初六日到西寧，告曰吹拉克諾木齊背著眾人悄悄派圖克，作為策旺阿拉布坦使者之跟役遣去等語。因此除將伊等所遣使者留於此地外，為此謹奏聞。

〔218〕奏聞察罕丹津情形摺[4]-《滿》-184

臣年羹堯謹奏，為奏聞事。

署理河州副將事務遊擊岳超龍所派打探消息之通事回來告稱，我等出邊前去桑里地方打探消息，十一月十八日〔註570〕遇察罕丹津表弟莫爾根台吉，告曰我由羅卜藏丹津牧地逃出，曾到莫爾根戴青貝子拉查布住地，伊對我說我原與戴青和碩齊王無仇，王全部佔有丹仲之戶口，我心不服，故帶兵去取丹仲之人，並無他意，我欲前去投王，然怕與王結仇，今聞四川兵要來，我甚為害怕，想避至去藏之路，王若不結仇派人叫我，我再來，我三子屬下人皆仍沿黃河而居，仍依賴王之看顧等情，莫爾根戴青〔註571〕僅帶四五十人於十一月十五日避去等語。我等又於桑里遇察罕丹津遣派達爾漢台吉、達爾漢宰桑，伊等率兵掠奪阿齊諾門汗，獲其全部人口牛羊馬匹牲畜，阿齊諾門汗僅率十餘人逃去，那裏番子們傳說四川軍十一月抵卓爾海地方，剿滅幾家番子等情。再達爾漢宰桑呈稱，我等率兵吃掉阿齊諾門汗，阿拉布坦諾延〔註572〕、莫爾根台吉等率屬下人由羅卜藏丹律之營回來，宰桑青克圖爾克伊濟、扎西等皆為羅卜藏丹津所殺，十一月十一日羅卜藏丹津從其牧地逃向噶斯，我等屬下人前來尋王，王若不出邊，我等為無首之人以至離散，我等王若不來，王之子前來亦有益等情。臣我看得今羅卜戴丹津等已逃，察罕丹津被掠之人皆紛紛來投，若不遣察罕丹津出邊，其屬下人無人統顧，因此臣我命照看察罕丹津之少卿花善〔註573〕，倘察罕丹津屬下誠心來投王，爾根據形勢，僅遣察罕丹津出邊，其子照舊留內（硃批：善辦，很好）。再莫爾根戴青拉查布避去不遠，爾對察罕

〔註570〕雍正元年十一月十八日。

〔註571〕即本文檔前文之莫爾根戴青貝子拉查布，《蒙古世系》表三十九作喇察布，顧實汗圖魯拜琥第五子伊勒都齊曾孫，父墨爾根諾顏，祖博碩克濟農。

〔註572〕此人似即郡王察罕丹津之婿，屬準噶爾蒙古遊牧青海者，《蒙古世系》表四十三作阿喇布坦，父納木奇札木禪，祖卓哩克圖和碩齊，曾祖巴圖爾渾台吉。

〔註573〕《清代職官年表》巡撫年表康熙六十年作甘肅巡撫花鄯，即此人。

丹津說，叫他派人對拉查布說，爾先前被迫追隨羅卜藏丹津，今雖處處躲避，爾之事終久不得明白，爾速來大將軍處說明爾之情由等因，派人去叫拉查布，遣來我處等語，皆此謹奏聞。

硃批：好，知道了。

〔219〕奏聞羅卜藏丹津逃人摺[4]-《滿》-185

臣年羹堯謹奏，為奏聞事。

十二月初四日〔註574〕唐古特巴汪楚克由羅卜藏丹津處逃來，問之告曰我乃達賴之人，我兄乃辦理達賴喇嘛事務之小班第，名諾爾布，羅卜藏丹津在藏時仁愛我兄，回來時令我兄隨來，我兄不來，叫我替他，來到此地後羅卜藏丹津給我娶妻，住在其牧地，掠劫察罕丹津時派我去軍中，我因病未去，羅卜藏丹津由那裏帶來達賴喇嘛之姐貝子拉查布之妻為妻（硃批：大笑話，拉查布怎麼了）。後來派兵叛亂時又派我，我不習慣蒙古地方生活，告訴羅卜藏丹津欲與堪布囊蘇同去藏，羅卜藏丹津不准，我對他說台吉你仁愛我才帶來，今我不習慣此地生活，若留我則特殺死我也等情，伊將我妻一切什物全部收取，在那裏我與跟役策凌一道拾糞，尋找吃食而生。十一月初六日羅卜藏丹津為大軍所敗，帶二十餘人來到其牧地，留諾延格隆〔註575〕在伊大牧地，燒毀所有笨重物後次日即向那邊逃去，我無奈跟隨彼等牧群而行，我遇住一地之二個阿里地方人，夜裏我們四人盜彼等之八馬二槍一撒袋二刀，二十七日由達布孫戈壁逃出，來投大將軍，我來時羅卜藏丹津那裏沒有別較大台吉，只有其所屬台吉格勒克濟農，及達賴喇嘛之兄陳累〔註576〕，諾延格隆等五六名宰桑，未記住名字，聞本月初三日為出兵將於布哈地方會盟，觀彼等之馬匹大半疲瘦，有五分膘馬匹不過五百匹，其屬下人生活艱難，故皆哭怨。聞彼等之言今年在奧拉木乎爾〔註577〕過冬，過年青草出時去招等語。再策旺阿拉布坦之使未來屬實，彼等地方之策旺阿拉布坦之人前來，因軍隊要來，故揚威嚇人之謂也。又聞侍郎常壽被看守於堪布，堪布離現羅卜藏丹津所居地有一日路程之扎噶蘇圖，其他台吉紛紛來遊牧等情，我皆未看見等語。汪楚克所告之言與從各處所獲消息

〔註574〕雍正元年十二月初四日。
〔註575〕即阿其圖諾門罕，察罕丹津之侄，《蒙古世系》表三十九失載，《如意寶樹史》頁七九〇後表四載其名阿其圖諾門罕，父名巴布。
〔註576〕本書本部分第一九六號文檔譯作辰壘。
〔註577〕本書第二部分年羹堯漢文摺第一七二號文檔作敖拉木胡盧。

皆相符合，汪楚克才二十一歲，人亦明白，故臣我交地方官養育之。再知羅卜藏丹津與藏之唐古特人、康濟鼐皆不和，從將達賴喇嘛之兄帶到伊處，又娶達賴喇嘛之姐看來，早有去藏之心，為此臣我行文交付去藏總兵官周瑛、駐防察木多提督郝玉麟、達賴喇嘛、康濟鼐等妥協防備〔註578〕，為此謹奏聞。

硃批：此所帶者，達賴喇嘛應愈加仇恨罷了，周瑛已去藏，明年伊亦去，亦去尋死耳，朕先前曾想，或先遣吹拉克諾木齊去藏，彼等若去，周瑛多需力量，今甚好甚是，朕思羅卜藏丹津聞周瑛去藏，怎能去藏，要去投策旺阿拉布坦矣。

〔220〕奏聞丹津渾台吉供詞摺[4]-《滿》-186

臣年羹堯謹奏，為奏聞事。

詳審被擒逆賊丹津渾台吉，供詞很多，伊重要供詞，去年十月羅卜藏丹津由音德爾圖派使者卓里克圖，命我率軍出，若不出兵將寄信令庫勒之額爾克俄木布、阿拉布坦、巴蘇泰等先立即吃掉我，我害怕率兵行走屬實。再今年春天羅卜藏丹津曾派都拉爾去策旺阿拉布坦處，策旺阿拉布坦派達木巴等二十人陪同都拉爾同回，在噶斯西納木罕會羅卜藏丹津，達木巴亦會見我，策旺阿拉布坦交代達木巴等之言，羅卜藏丹津若欲來我處，爾等為嚮導帶來等情，又有其他話，我未聽見等語，為此謹奏聞。

硃批：知道了，所有問答之言大體寫下具奏，朕想知道。

〔221〕奏聞達賴喇嘛來文摺[4]-《滿》-187

臣年羹堯謹奏。

住青海察罕托羅海達賴喇嘛之尚人〔註579〕，曾由喇嘛堅參堪布總管，去年堅參堪布助羅卜藏丹津行亂，副都統達鼐、副將紀成賦等追擊殺之，仍令尚人住原地，臣我行文達賴喇嘛，著由伊另擇派一優秀可靠嘛總管尚人，今達賴喇嘛來文稱在察罕托羅海管理阿爾巴圖等〔註580〕，先曾補放堅參堪布，今伊自作孽被正法，阿爾巴圖等並未被遣散，實大幸，管理這些人若由此處專門派人，地遠日久，即交我所遣使者多尼爾袞楚克住之等語，為此謹奏聞。

硃批：知道了，給達賴喇嘛之上諭文書定後，即將這些人遣回，想必你有指示。

〔註578〕原文作「防奮」，今改正為「防備」。
〔註579〕清代文書多譯作商上之人。
〔註580〕譯註：阿爾巴圖，滿語粗蠢之義。

〔222〕奏聞盆楚克汪扎爾遣使摺[4]-《滿》-188

臣年羹堯謹奏,為奏聞事。

正月二十五日〔註581〕青海盆蘇克汪扎爾遣派伊之阿旺扎克巴喇嘛,問之告曰先是我九家台吉曾一心寫一文書,各自畫押遣使大將軍,然各台吉之心不同,今特遣我繞道而行,故我不走大路,繞道而行方纔到來,我貝勒之言,先羅卜藏丹津、額爾德尼台吉藏巴扎布等掠劫額爾德尼額爾克托克托奈、戴青和碩齊、索諾木達什等時羅卜藏丹津為盟主,力量又大,我未敢問伊,無奈追隨而行,後向內地派兵,我問羅卜藏丹津你這是何意,伊告曰我會合準噶爾一道出兵內地,有不從之人亦照戴青和碩齊等一樣等情,我力量弱小未敢說話,無計可施,隨眾人而行,此被迫而行緣由,望乞鑒之等因派我前來。

再羅卜藏丹津為大軍敗後,問我貝勒,今我逃往何處才好,我貝勒回答,你開始所為即非也,今你若去藏,先前準噶爾之策凌敦多布尚未能生存於藏,你雖去藏能生存否,若去準噶爾,我幾人雖可去,未必能好好生活等情,羅卜藏丹津未回答,今看來羅卜藏丹津將其屬下分為二隊,一半由柴達木向那邊遷去,一半由索羅木一路遷去。差我來之前我貝勒曾派我前去羅卜藏丹津處查看形勢,羅卜藏丹津身邊除額爾德尼台吉藏巴扎布外並沒有人,屬下人皆遷去,周圍居住之人亦少,去年彼等往來行走不斷,馬匹亦甚疲瘦。再我貝勒之意,今年春旱,三月不冷,內地若出一隊大軍,沿青海邊立營,命察罕丹津由伊處率兵前來,命我等眾台吉共同進兵,擒拿羅卜藏丹津,誰敢不出兵,如此羅卜藏丹津可擒矣等情,命我請求大將軍。再策旺阿拉布坦之使曾來,羅卜藏丹津以都拉爾台吉為使,與策旺阿拉布坦之使一同遣回,不知這些人啟程日期等語。

臣我看得盆蘇克汪扎爾使者阿旺扎克巴人狡詐且奸滑,雖報告其貝勒之意,然不可信,此次前來窺我內形勢,亦未可定(硃批:人雖不可信,言事似可成立,先前他們九家合遣,今想必又來商議,一家或二三家又來試探),因此我對阿旺扎克巴說,爾去告訴爾貝勒,今年青草大約四月纔出,我大軍青草出後方可發,此期間爾等惟安靜而居,準備軍隊,等待我大軍出共同遵行等因遣回,為此謹奏聞。

硃批:回答所辦好。

〔註581〕雍正元年正月二十五日。

〔223〕奏聞擒獲厄魯特賊摺[4]-《滿》-189

臣年羹堯謹奏，為奏聞事。

駐防布隆吉爾參將孫繼宗呈稱，副將軍阿爾納率軍到來之前，我處抓獲探聽消息厄魯特賊敦多布，問之答曰，起初卡和碩齊、卓里克圖俄木布、阿蘭薩蘭台吉三人，在奧蘭腦爾派我及沙拉木呼爾、烏特班第、沙勒木巴海四人偽裝來投之人，打探內地新來軍多少、炮多少、率軍前來官員是誰、前來馬駝臕之肥瘦，以及或駐而不動或率軍前來尋我等消息，內地人用何種刑斷不可說出實情，你僅告訴來投，他們即相信（硃批：此一言，即罪無盡），你獲實信後抓空偷馬回來等因，沙拉木乎爾等帶我前來，他們先走，我被你們抓住，聽人說丹津黃台吉〔註582〕現欲去大柴達木，其兵駐古爾板布木圖。庫勒〔註583〕、巴蘇泰、阿拉布坦〔註584〕等家戶欲遷去伊蘇察罕齊勞圖。諾爾布、土呼爾〔註585〕兄弟原住小柴達木，今仍欲去小柴達木，丹津黃台吉帶別處兵丁尾隨，阿爾薩蘭台吉率兵送家產去西拉哈爾金，復欲與丹津黃台吉重整兵馬再戰。我又聞丹津黃台吉對阿爾薩蘭台吉說，傳令巴延烏拉、伊瑪圖、烏聶泰卡拉嶺、陶賴川等地所居蒙古，將家產亦由南烏拉達板送去西拉哈爾金，路上若有死人死馬，皆放在無人之處，勿令內地人看見等情。又問敦多布，你們那裏有多少火藥鉛彈，答曰原先石保城等山雖產鉛硫磺等物，然對〔註586〕火藥很難等語。又問敦多布，羅卜藏丹津有無行文，再爾等之阿拉布坦貝勒〔註587〕、公格泰〔註588〕來沒來。答曰我聽說羅卜藏丹津曾行文給戴琫公〔註589〕，戴琫公轉給丹津黃台吉，丹津黃台吉轉給阿爾薩蘭台吉，文書表面寫有從準噶爾派兵二千三百之言，皆丹津黃台吉所寫，並無印信憑證（漢文硃批：真正小兒戲，少有此一種糊塗混賬人也），阿拉布坦貝勒在高古城打馬營交戰敗逃時，仍有蒙古

〔註582〕即公丹津，待考。

〔註583〕本書第三部分第一二二號文檔作庫倫喇嘛額爾克鄂木布。

〔註584〕即小阿喇布坦，巴噶阿喇布坦，貝子阿喇布坦，顧實汗圖魯拜琥第二子鄂木布曾孫，父額琳沁達什，祖墨爾根台吉，《蒙古世系》表三十六失載，羅布藏丹津亂平年羹堯於會盟時絞之，應即此人。

〔註585〕本書第二部分年羹堯漢文摺第一七二號作圖虎爾台吉。

〔註586〕「對」應為「兌」之誤。

〔註587〕貝勒應為貝子之誤，貝子阿喇布坦，即小阿喇布坦，巴噶阿喇布坦，顧實汗圖魯拜琥第二子鄂木布曾孫，父額琳沁達什，祖墨爾根台吉，《蒙古世系》表三十六失載，羅布藏丹津亂平年羹堯於會盟時絞之。

〔註588〕根據上下文，公格泰似即下文之戴琫公，為同一人。

〔註589〕根據上下文，戴琫公似即本文檔上文之公格泰，似為同一人。

包一百餘，住黃城兒地方，男人全去軍中，婦幼不知被何處軍隊掠走（硃批：以此看來，其內部互相搶掠）。今來陶賴川南之塔奔托羅海，派人對阿爾薩蘭台吉說，我由古爾板齊齊爾噶納給二人二匹馬，送去一副甲，派去給羅卜藏丹津請安，到青海東南未遇羅卜藏丹津，東西亦未送到，不知去了何處，我今帶四五十人與公格泰同住塔奔托羅海，你派人帶牲畜人糧來迎接我等語。

又問敦多布，爾等賊眾幾次向內地大軍進攻，爾都知道否。答曰十月二十八日〔註590〕掠劫內地哨卡，係都拉爾帶圖呼爾台吉之六十人前來，十一月初一日之戰我未來，聽說有二千餘人，惟阿爾薩蘭台吉遣都拉爾率五十人參戰，我知道有十人負傷，其他我不知道，十一月二十九日青嶺之戰有三千人，我亦去，看守駄子，阿爾薩蘭台吉之三百人參戰，六十人陣亡一百人負傷，此三千人幾處交戰，遇內地軍隊交戰者即阿爾薩蘭台吉之人，故伊之人陣亡者多，丹津黃台吉人最多，而陣亡二十人負傷二十人，其他部陣亡多少我不知道，等因呈來，為此謹奏聞。

硃批：這幾群該殺者，必然窘困，投策旺阿拉布坦者有幾家。

〔224〕奏聞盆楚克汪扎爾之弟來投摺[4]-《滿》-190

臣年羹堯謹奏，為奏聞事。

今年二月十二日〔註591〕貝勒盆楚克汪扎爾之弟來投，告曰我們歷代受聖主養育之恩甚重，去年羅卜藏丹津等背主叛亂，我們迫於其力量強大，無奈追隨而來，然並未前進，我們使者回去，接受大將軍准我等來投文書，我兄盆楚克汪扎爾即欲親自來投，因居於羅卜藏丹津、吹拉克諾木齊二者之間，不能離開牧地，命我僅帶十五人繞青海南日夜兼程來投，大將軍如何看待我們等語，為此謹奏聞。

硃批：今說出實誠矣，此當初殺其父之仇，理應如此罷。

〔225〕奏聞察罕丹津呈文摺[4]-《滿》-191

臣年羹堯謹奏，為奏聞事。

先是鎮海堡參將張佳翰屬下通事等擒送察罕丹津之人達什所告，彼等宰桑青克圖爾克之弟布達什、阿勒達爾和碩齊等，率領黃河那邊人向察罕丹津牧

〔註590〕雍正元年十月二十八日。
〔註591〕雍正二年二月初二日。

地遷去，臣我已於十一月十七日〔註 592〕奏聞，今察罕丹津呈文稱，我屬下察罕拉布坦送來我兒媳，十一月二十四抵蘭州，被羅卜藏丹津掠去我之屬下人內額爾克扎爾固齊、阿勒達爾和碩齊、拉布木此三人率先殺散看守伊等羅卜藏丹津兵丁，率一千戶人來尋我，來人探得消息，羅卜藏丹津被大軍擊敗，伊本人逃至納蘭薩蘭〔註 593〕，即派諾延格隆將其牧群於十月二十九日遷至前去招之路等情，今差察罕拉布坦前去管理我屬下來投之人，若察罕拉布坦前去，我屬下人方纔不至離散，故二十七日遣回察罕拉布坦等語，為此謹奏聞。

硃批：好，隨其意罷。

〔226〕奏聞察罕丹津妻出邊摺[4]-《滿》-192

臣年羹堯謹奏，為奏聞事。

先是察罕丹津之妻呈文，欲替察罕丹津出邊收其屬下人，臣我回文照看察罕丹津之少卿花善，蒙古王福晉既一樣辦事，其妻若去即令前去，今少卿花善呈稱，察罕丹津之妻帶其二兒媳二婦人十一女兒四十四男人共六十人，帶馬九十三匹出河州邊，送這些人去河州邊口之筆帖式策福、博碩庫伊博格已於十二月二十四日〔註 594〕遣去河州等語，為此謹奏聞。

硃批：知道了，雖是大兒戲，是伊小防備，理應按其意照所請，好。

〔227〕奏聞消息摺[4]-《滿》-193

臣年羹堯謹奏，為奏聞獲得消息摺。

各處所獲消息內，除荒唐者不奏外，謹奏聞與臣我處所獲消息一樣者。駐甘州看養王額爾德尼額爾克托克托奈之理藩院郎中佟智呈稱，十二月初一日〔註 595〕王額爾德尼額爾克托克托奈所屬車臣俄木布等率一百四五十口來投，車臣俄木布等告曰，我們被貝子青黃台吉巴勒珠爾阿拉布坦掠去，由十月初十日伊派百人看守我們，他們謂出兵一地而去，十一月回來，皆日休整準備動身，我們獲消息，他們去西寧為大軍所放，此地不可住，阿拉布坦俄木布從這裏遷往吹拉克諾木齊所住之布卡，今青黃台吉巴勒珠爾阿拉布坦、羅卜藏察罕、阿拉布坦、濟克濟扎布、台吉阿旺拉布坦這五家會合，也去布卡等情，我們乘機

〔註 592〕雍正元年十一月十七日。

〔註 593〕即日月山，《西藏志》頁一九九載，納拉撒拉圖即日月山。

〔註 594〕雍正元年十二月二十四日。

〔註 595〕雍正元年十二月初一日。

棄家鍋，於十一月十三日逃來，至西拉庫特爾，濟克濟扎布之宰桑哈什哈率五六十人追來，欲掠我們，互相交戰，我們殺死宰桑哈什哈，又殺死十餘人傷十人，奪得備鞍馬七匹鳥槍、槍，我們四人負傷，至邊皆死。羊千隻牛二百頭駄子四十餘全部帶來，我們走烏蘭木倫河兩邊之三百里處，先曾住滿人，今無一人，棄一蒙古包鍋，放荒火而去等語（漢文硃批：令人不解，真大奇），佟智我帶來王額爾德尼額爾克托克托奈、宰桑額爾克什克，讓他們一一相認，謂皆係他們之人。又問前來之車臣俄木布等，你們去西寧參戰否，答曰皆巴勒珠爾阿拉布坦派人看守屬實，並未前去西寧等情，為此將這些人交給王額爾德尼額爾克托克托奈，待他們婦幼前來後，查明再賞等語，為此謹奏聞。

硃批：知道了。

〔228〕奏聞逆賊丹津口供摺[4]-《滿》-194

臣年羹堯謹奏。

逆賊丹津口供之重要話先已具奏，又供前年羅卜藏丹津突然差人至我處，告曰爾等必皆與我一心，聚集兵丁取西寧等地，我兄弟內若有不一心行動者即共同吃掉他等情，我等非常害怕，羅卜藏丹津等掠奪額爾德尼額爾克托克托奈、戴青和碩齊察罕丹津等，後為內地大軍所敗，率其屬下人至納木罕後，我亦被布隆吉爾軍打敗，帶僕從遊牧於納木罕，會合羅卜藏丹津等，因力量不及羅卜藏丹津，我無奈追隨而行屬實。內地大軍到來之前羅卜藏丹津帶其屬下三百口，越過噶斯之哈瑪爾嶺進入塔里木，策旺阿拉布坦之使達木巴等同去，我正欲與屬下避出，為大軍所敗，被擒者擒之，被殺者殺之，我身受重恩，乃封公之人，而聞羅卜藏丹津叛亂，未來內投聖主，不知內地大軍之威力，於布隆吉爾等地行亂，加入羅卜藏丹津等一夥，我死罪矣等語，為此謹奏聞。

硃批：知道了

〔229〕奏聞達賴喇嘛之父事摺[4]-《滿》-195

撫遠大將軍太保公川陝總督臣年羹堯，理藩院侍郎鄂賴謹奏，為請旨事。

奉上諭，年羹堯奏達賴喇嘛之父索諾木達爾扎今年前來，來後欲留京城，朕意伊留於彼處可管些小事，留於此處，權衡分離他人父子之輕重，則此分離尚多有關聯，斷不可帶伊來京城，住於裡塘巴塘等地若伊甚情願方可，若伊不情願則不可等因，奉旨。所論甚是，達賴喇嘛之父索諾木達爾扎在羅卜藏丹津

事出時，因聖上封其子為達賴喇嘛，眾人皆恭稱伊為達賴喇嘛阿瑪〔註596〕雅布，甚為榮耀，故竭心効力，使其父子分離，帶來京城，及住於裡塘巴塘均不可（硃批：知道了朕也無言），惟今駐藏總兵官周瑛、員外郎常保自羅卜藏丹津敗逃，將去藏索諾木達爾扎之子陳累送來，及年羹堯送來陳累之緣由、問答，皆已另摺具奏，臣我等之意，聖主若不殺陳累而寬恕，也斷不可送陳累去藏，應另辦住地。陳累者乃羅卜藏丹津之婿，幾年來與羅卜藏丹津一心生活之人，今若送回藏，則必多牽念，現裡塘既駐官兵，將陳累交裡塘官員，不准其各處走動，伊原為班第，伊仍為班第，或為俗人，問陳累，依其心願住之，為此謹奏請旨。

　　硃批：甚好。

〔註596〕譯註：阿瑪，滿語父親。

引用及參考書目

一、正文及附錄引用書目

1.《康熙朝漢文硃批奏摺彙編》中國第一歷史檔案館編，江蘇古籍出版社，一九八九年三月。

2.《康熙朝滿文硃批奏摺全譯》中國第一歷史檔案館編，中國社會科學出版社，一九九六年七月。

3.《雍正朝漢文硃批奏摺彙編》中國第一歷史檔案館編，江蘇古籍出版社，一九八九年三月。

4.《雍正朝滿文硃批奏摺全譯》中國第一歷史檔案館譯編，黃山書社，一九九八年七月。

5.《年羹堯滿漢奏摺譯編》季永海，李盤勝，謝志寧翻譯點校，天津古籍出版社，一九九五年八月。

6.《年羹堯奏摺專輯》國立故宮博物院故宮文獻編輯委員會編，中華民國六十一年十二月。

7.《清史稿》趙爾巽等撰，中華書局，一九七七年十二月。

8.《清史列傳》王鍾翰點校，中華書局，一九八七年十一月。

9.《滿漢名臣傳》國史館原本，菊花書屋檢字。

10.《清代名人傳略》〔美〕恆慕義主編，中國人民大學清史研究所《清代名人傳略》翻譯組譯，青海人民出版社，一九九〇年二月。

11.《文獻叢編》故宮博物院編，臺聯國風出版社，中華民國五十三年三月十五日。

12.《元以來西藏地方與中央政府關係檔案史料彙編》中國藏學研究中心、中國第一歷史檔案館等單位合編，中國藏學出版社，一九九四年十月。

二、序文及註釋引用書目地圖論文

1.《雍正朝漢文硃批奏摺彙編》中國第一歷史檔案館編，江蘇古籍出版社，一九八九年三月。

2.《雍正朝漢文諭旨匯編》(第一冊)中國第一歷史檔案館編，廣西師範大學出版社，一九九九年三月。

3.《大清一統志》(嘉慶)穆彰阿等纂，上海古籍出版社，二〇〇八年一月。

4.《清世宗實錄》中華書局，一九八五年十月。

5.《清史稿》趙爾巽等撰，中華書局，一九七七年十二月。

6.《皇清職貢圖》傅恒等編，遼瀋書社，一九九一年十月。

7.《水道提綱》齊召南著，傳經書屋版。

8.《平定準噶爾方略》清高宗敕撰，全國圖書館文獻縮微複製中心，一九九〇年七月。

9.《清代職官年表》錢實甫編，中華書局，一九八〇年七月。

10.《欽定西域同文志》清高宗敕撰，吉林出版集團有限責任公司，二〇〇五年五月。

11.《欽定八旗通志》李洵、趙德貴等校點，吉林文史出版社，二〇〇二年十二月。

12.《乾隆朝內府抄本《理藩院則例》》趙雲田點校，中國藏學出版社，二〇〇六年十二月。

13.《欽定理藩院則例》(道光)張榮錚點校，天津古籍出版社，一九九八年十二月。

14.《欽定理藩部則例》張榮錚、金懋初、劉勇強、趙音點校，天津古籍出版社，一九九八年十二月。

15.《年羹堯滿漢奏摺譯編》季永海，李盤勝，謝志寧翻譯點校，天津古籍出版社，一九九五年八月。

16.《欽定外藩蒙古回部王公表傳》清高宗敕撰，景印文淵閣四庫全書第四五四冊，臺灣商務印書館，二〇一三年九月。

17.《清史列傳》王鍾翰點校，中華書局，一九八七年十一月。

18.《衛藏通志》佚名著，文海出版社，中華民國五十四年十二月。

19.《西藏志》佚名著，成文出版社，中華民國五十七年三月。

20.《甘肅通志》許容等監修，李迪等編纂，景印文淵閣四庫全書第五五七至五五八冊，臺灣商務印書館，二〇一三年九月。

21.《雲南通志》鄂爾泰等監修，靖道謨等編纂，景印文淵閣四庫全書第五六九至五七〇冊，臺灣商務印書館，二〇一三年九月。

22.《陝西通志》劉於義等監修，沈青崖等編纂，景印文淵閣四庫全書第五五一至五五六冊，臺灣商務印書館，二〇一三年九月。

23.《山西通志》覺羅石麟等監修，儲大文等編纂，景印文淵閣四庫全書第五四二至五五〇冊，臺灣商務印書館，二〇一三年九月。

24.《四川通志》（乾隆）黃廷桂監修，張晋生等編纂，景印文淵閣四庫全書第五五九至五六一冊，臺灣商務印書館，二〇一三年九月。

25.《如意寶樹史》松巴堪布益西班覺著，蒲文成、才讓譯，甘肅民族出版社，一九九四年七月。

26.《松巴佛教史》松巴堪布益西班覺著，蒲文成、才讓譯，甘肅民族出版社，二〇一三年三月。

27.《蒙古世系》高文德、蔡志純編著，中國社會科學出版社，一九七九年十月。

28.《西藏通史松石寶串》恰白次旦平措、諾章吳堅、平措次仁著，陳慶英、格桑益西、何宗英、許德存譯，西藏古籍出版社，二〇〇八年九月第三版。

29.《番僧源流考·西藏宗教源流》合刊，西藏人民出版社，一九八二年。

30.《東噶藏學大辭典歷史人物類》（內部資料），東噶洛桑赤列著，蒲文成、唐景福、才讓等譯，中國藏學研究中心歷史所，二〇〇五年。

31.《拉達克王國史 950-1842》〔意〕畢達克著，沈衛榮譯，上海古籍出版社，二〇一八年十一月。

32.《西藏六十年大事記》朱繡編著，吳均校注，青海人民出版社，一九九六年四月。

33.《頗羅鼐傳》多卡夏仲·策仁旺傑著，湯池安譯，西藏人民出版社，一九八八年十二月。

34.《歷史檔案》，《歷史檔案》編輯部，一九九七年第一期、第二期，總第六十五期、第六十六期。

35.《雍親王諭考釋》，王光越，載《清史研究》二〇〇七年第三期。

36.《青海省地圖》比例一比一百四十二萬，中國地圖出版社，二〇一四年一月。

37.《中國歷史地圖集》（清代卷）譚其驤主編，中國地圖出版社，一九九六年六月。

38.《中國分省系列地圖集》（西藏、新疆、青海、甘肅、四川、雲南）星球地圖出版社，二〇〇九年六月。

39.《軍民兩用分省系列交通地圖冊》（西藏、新疆、青海、甘肅、四川、雲南）星球地圖出版社，二〇一一年一月。

40.《蒙古地圖》比例一比三百三十萬，中國地圖出版社，二〇一三年九月。

附錄一　康熙朝兩滿文文書

〔1〕諭大學士馬齊等以年羹堯為將軍賜印信事（康熙五十九年二月十六日）[6]-3492

康熙五十九年二月十六日大學士馬齊、乾清門頭等侍衛喇錫〔註1〕等奉旨，總督年羹堯遇戰事善於勤理，才技優長，將其四川軍治備甚齊整，伊料估以伊等兵力即成功，今速行文總督年羹堯，命伊率四川滿綠營兵進伐，若有代伊署理總督事務之賢能人，地方並無事安謐，則年羹堯奏聞署理，命年羹堯為將軍，率雲南四川軍進伐，倘年羹堯未獲代伊署理人員，則四川要地，以護軍統領噶爾弼為將軍，率雲南四川二地兵士進伐，若不將將軍敕書印記速製送往則誤事，再若不命諸處率兵之大臣等為將軍，如何能督管部眾，齊里德〔註2〕此次前來觀之人亦可，能督管眾蒙古台吉等，命齊里德為將軍，應賜印信敕書，將率伐西招大軍之將軍印信敕書，亦應速製送往，所賜印信敕書，交大學士等具奏，欽此。

硃批：將軍印信所關甚要，今部衙人等粗俗者多，以因循當差為能，今鑄此印務擇吉日，咨行內務府率幹練官員、柏唐阿等共同督造，工竣奏覽。

〔2〕議政大臣奏進咨行總督年羹堯之文稿[6]-4122

議政大臣咨行總督年羹堯。

覽爾賷奏之摺子，奏報已抵肅州之事，摺內將提督路振聲誤寫為路振揚

〔註1〕即拉錫，《欽定八旗通志》卷一八六有傳，曾與學士舒蘭往窮黃河源。
〔註2〕《平定準噶爾方略》卷七頁十八作征西將軍祁里德。

（瓜州、沙州誤寫為滾沙州），爾職司邊塞要職，親抵巴里坤兵營後，不奏報軍糧形勢等要事，軍機當前驛站甚為緊要，（爾已至肅州），將此等瑣屑之事反勞驛站賫奏，且不詳閱奏報皇上之事，便賫奏者殊屬不合，嗣後凡遇此等瑣屑之事，斷不可擾勞驛站傳遞，俱候奏事之便一併報送，為此咨行。

附錄二　雍正朝漢文上諭

〔1〕諭發下盔甲寶石賞給黃喜林等並王景灝實為賢員
[2]-[33]-1117

發來盔甲四幅，寶石四塊，功成回來仍交還，上用衣四套，賞黃喜林王嵩每人每樣一件，其餘二你酌量應賞者傳旨賞。〔註1〕

二十八日〔註2〕王景灝到來，朕原料你識人自然不差，然未料如是好之極，你又進朕一個活寶矣，寔在上上好的巡撫，綽然有餘，朕甚嘉喜，立刻有旨用他巡撫，賞他翎帶，隨即寫柄扇賞他，大檗初二即命來赴任，此人才具不必言，相貌氣度是一個有福壽的人，而兼有力量，但就他本人說學問平常些，朕看不似不讀書的人。

〔2〕諭示都中內外平安如意等事[2]-[33]-1118

朕躬甚安，爾父甚健好，你好麼，都中內外平安如意，閏四月二十八〔註3〕、五月初一初八九日接連得雨，十分透足，秋禾大好，深慰朕懷，今歲各省麥收大檗報齊俱有七八成一上〔註4〕收成，惟山西稍次，朕惟有以手加額而已，曷勝慶幸，惟有乾惕兢業益加勉力以仰答聖祖在天之靈耳。奮威將事平番之事與所約之日少過，朕為之懸念，想彼處據險壁，而我兵未肯孟浪輕忽，欲令其坐困之意也，但會盟之事不知所約之人皆到盟所否，卜隆吉一帶尚有未定之數部落近日如何定局，將大檗奏聞。

〔註1〕此段上諭可參見年羹堯雍正朝漢文摺第二四三號文檔。
〔註2〕雍正二年六月二十八日。
〔註3〕雍正二年閏四月二十八日。
〔註4〕原文如此，「一上」應為「以上」之誤。

〔3〕論慰青海兵弁並賜發錠藥等事[2]-[33]-1119

所問從祀孔廟一事，回奏公當之至，甚合朕意，再與舅舅、朱軾等斟酌行之。〔註5〕

去歲青海之事冬春兵弁受盡嚴寒風雪之苦，至於手足凍壞，今平番又至夏月，恐延及暑令，兵弁有苦熱之虞，朕寔不忍之至，錠藥及〔註6〕有益，今添發五百錠以備爾賜用，益元散與暑令最宜，因寄數十匊，你酌量寄與岳鐘琦〔註7〕以賜兵弁人等。〔註8〕

回奏川省開墾之奏待王景灝到來問他。回奏土司之論當極通極，朕即諭行。

回奏賞勞川省効力土司之議甚是，明歲徹兵之時擬諭提奏，務令彼等感激方是。〔註9〕

回奏條奏貴州吏治之論公當之極，朕因貴州吏治平常，金世揚不勝其任，所以更毛文銓，用後輿論不一，又有言其亦忠厚德餘而才不足之人，可為朕留心訪問。趙坤皆云好，潔己率屬，勤於訓練，不知確否，貴州所宜與地方整飭處，隨便可將你之所見寫與高其倬，此人朕當日見，恐才情膽略平常，不勝擔荷，近見他一切料理奏章甚屬可嘉，好總督，可大用者。

回奏裁汰驛丞之事原可不必多此一事，即省錢糧能有幾何，寢此奏不行矣，況亦在前頒裁汰冗員令爾督撫斟酌回奏中矣。〔註10〕

隨奮威將軍筆帖式之奏知道了，諭部存案矣。

〔4〕論年羹堯於邊外軍務可權宜料理[2]-[33]-1120

字諭年羹堯，今有常壽奏摺二封，朕批上諭底字一張，再諭富寧安上諭一張發來你看。再席倫圖奏將纏多〔註11〕五百兵移住添兵一摺交與你，朕看他奏有理，纏多住兵原無益，朕前你在京時朕原要將此兵徹來，你可着寔籌畫，應如何處速速知會，傳旨於常壽、席倫圖奉行。朕已有旨於席倫圖，爾所奏已批於年羹堯去了，他如何料理，傳旨爾尊旨奉行，如此諭了，看此光景似少有事，爾可着寔用心料理，凡外邊一切用調等事，如匆忙不及請旨事，爾可一面料理

〔註5〕此段上諭可參見年羹堯雍正朝漢文摺第二九七，二九八號文檔。
〔註6〕原文如此，「及」應為「極」之誤。
〔註7〕即岳鐘琪。
〔註8〕此段上諭可參見年羹堯雍正朝漢文摺第八十號文檔。
〔註9〕此段上諭可參見年羹堯雍正朝漢文摺第二二二號文檔。
〔註10〕以上兩段上諭可參見年羹堯雍正朝漢文摺第一四七號文檔。
〔註11〕即柴達木。

一面奏聞，特諭。

〔5〕論令相機料理羅卜藏丹盡事宜[2]-[33]-1121

前發二摺乃隨在外議政所議，今此摺乃京中議政所議，我兵之備若可進取此其機也，若仍待訓練，一定明春舉行會盟或當用前議，使人去問羅卜藏丹盡，以且緩愒以待等處，或設他有理之遲延以待處，總在你相機度量料理，必使羅卜藏丹盡羽翼不成，趁大勢不定而舉行為是，總在你謀萬全而行之也。〔註12〕

〔6〕論將策王諾爾布阿寶等摺發來閱看[2]-[33]-1122

朕安，策王諾爾布、阿寶密奏一摺發來爾看，看此光景似乎有些動作之景，爾可留心料理。再石文焯奏何天培之摺亦便中發來你自看，特諭。〔註13〕

〔7〕論令相機料理只圖西海永定[2]-[33]-1123

此一番事真佛天大慈悲，我君臣二人之大德也，實出朕望外，喜何可量，滿諭外朕不知向你說個什麼方好，少閒寫社稷之臣的扁來賜你之外想不起什麼來矣。再這數天所占一二京字送來你閒看看，你自有定見，但恐你欲速速成功以早慰朕懷，忙中有錯，他若再來犯，應之之道不必言矣，追逐進剿之舉，今彼勢已定，此光景當緩，巧圖之，雖兵貴神速，即速必待冬至復舉行更好，若當明春即明春亦好，朕只圖西海永定平安，目下不即急於成功也，你知得朕意，總在你相機而為之，必待我兵馬歇安，糧草豐備，謀萬全而為之。再大兵出口留守之兵更屬緊要，你的身子是朕半身，干係就如保和朕躬一樣，敬慎方不負朕之任用也，至諭至諭。

鎮海堡報捷之奏留覽，諭部。〔註14〕

〔8〕論詢岳鍾琪是否已到西寧等事[2]-[33]-1124

王景灝彭振翼料理錢糧事亦諭部存案。阿爾那處馬匹喂養之奏亦諭部記着。甘州馬匹之奏已諭部知道。黃喜林領兵出口勦滅逆僧番子之奏道〔註15〕了，甚好，內中章家剌麻之廟屋故當保全，而除小剌麻加意保安之外，寺中如有逆黨朕亦難姑惜，爾只管以理料理，不可掣肘愒事，黃喜林領多少兵出

〔註12〕由文中明春二字可知，此上諭為雍正元年所發。
〔註13〕此上諭可參見年羹堯雍正朝漢文摺第七號文檔。
〔註14〕此句上諭可參見年羹堯雍正朝滿文摺第三十六號文檔。
〔註15〕「道」應為「到」之誤。

口的。再爾前奏岳鍾琪番子馬瘦之奏，像口至西寧，但你尚不曾明奏到來否，幾時到的，一路光景如何，可曾收服些人，所調各處兵馬那處，幾時到那里那處，那一日到的，寫來奏朕知道。阿爾那幾時到卜隆吉兒，信得了速速奏聞，朕欲急聞此信。元狐馬褂一件賜你，書倫馬褂一件賜岳鍾琪，又十件你着量傳旨賞他們。

再插漢丹盡來人遣使所言之奏知道了，卜大使、阿兒他兒和所氣等如今怎麼樣，可有尋他主子的信否。

再孫吉宗〔註16〕所報之奏知道了，他少輕舉了些，你指授的甚是，阿爾那一到自有好信，但此間為此朕少為之懸念。

〔9〕論示處分常壽因由[2]-[33]-1125

朕之處分常壽並不因你之奏而起，朕原料羅卜藏丹盡至窘時必放常壽回來，常壽回來必力求解和，常壽此人斷留不得，他到完在那里，到也成全他一生的人，如此下了數次旨意，多少人是證見，朕原要他來了，即〔註17〕立斬以示西海，但我用兵之際於軍恐少不利，所以緩此事，以待事平再定也，着宼難為難為他，不可看一點情面，以警將來千百世我國家之大體，亦絕西海詭巧反覆之心，特諭。

〔10〕論令驗看兵部議敘兩路官兵之本暨速將丹仲部落賞給插漢丹盡[2]-[33]-1126

爾所奏免陝省銀糧，出征兵丁賠補馬匹事，原欲使入詔條，今及開追徵，而題奏甚是，已發旨矣。再兵部議敘兩路官兵之本與內閣打籤寄與你看，如有過不及之處，票籤好之好是不是處，你看了明白密密回奏，看念滿州字人，也須着宼信得及的着念，不許着外人知道，大有干聲名，密之。朕看部中此奏似乎過預些，將爾主意寫奏。再所奏西海事知道了，已發旨與怡、旧、阿三人，另書清字上諭來外，首要乃羅卜藏丹盡，而阿爾卜坦翁布尤其可惡，爾可着量料理。插罕丹盡甚屬可矜，岳鍾琪那里又叫他會面，而常壽又向他說達奈〔註18〕奉旨將近就到，恐插罕丹盡不見達奈到，又見岳鍾琪喚他，內生疑畏，恐生事端，速遣達奈將丹仲部落賞賜插漢丹盡，完此一事。羅卜藏丹盡總亂為，

〔註16〕即孫繼宗。
〔註17〕原文作「朕原要」三字，塗改為「即」。
〔註18〕即達鼐。

亦不行也，因有羅卜藏丹盡之胡行，所以插漢丹盡似乎有挾而求，但不肯與羅
卜藏丹盡同為亂，雖是弄巧圖利，亦不過小人之為小事，可恕者也，速速滿其
願而圖羅卜藏丹盡之事要緊，特諭。

〔11〕論於西海事務放心[2]-[33]-1127

前者富寧安奏令阿爾那往柴大木〔註19〕裏帶五個月口糧之奏到來，朕甚
憂心，那一條路隆冬之際如何走得，況而下驛路難通，運道險阻，想來富寧安
不達道路之所致，前者上諭並你行的文自然阻滯未達，朕老大焦心數天，今者
阿爾那之奏到來，朕甚喜悅，一塊病好了，卜隆吉兒一帶又放心矣，種種機緣
皆蒙天佑，我君臣惟一心競業默感耳。但大險處逢此好景，當如意處須防疏虞，
既深知西海人情反覆無理無恥，凡屬可疑者皆就此時割斷為上，此一番事原非
出自於我，上可以對天地神明，中可以對天下臣民，下可以對千秋百世，趂此
機會西海一切蒙古番子永永長治之定全在你料理，謹之慎之。

〔12〕論黃教無理不堪相機去除[2]-[33]-1128

夫黃教之無理不堪處一言難盡，到處皆然，而蒙古槩為令淫其妻女，誑其財
物，題一教字拼命捨生相為，此種迷惑，實令人難解，將來沿邊這些番子狐子必
屬內地方是平靜西海永遠之良策。但恐中間又以布施西藏香火之論，而賊王阿卜
坦〔註20〕借此借辭生事皆未可知，西海預為之通盤籌畫妥當，前後照應得理方
好，即內地這些不堪的賊剌麻趂此機會當除即除好，所以朕前日深嘉你之得法。
但必須有辭，千萬不可擔塗毒剌麻之名，以寒眾蒙古之心，而須權巧不露，作沒
奈何之景以示眾方萬妥，想朕此論皆是都你的主意，朕不過要你知朕意，與爾相
同也。內地這些受害的百姓若有宿日狠怨，要番僧者，只以不約束他，令其各自
去報〔註21〕，朕想此亦除惡賑善之一少助，你再相此處局面相機而行之可也。

〔13〕論籌明春進剿卜隆吉[2]-[33]-1129

明春進勤卜隆吉兒，留守前後照應當着寔留心，看他們如今光景大槩往藏
已定，周瑛處或可行文於郝玉林〔註22〕再添些兵去更好，周瑛至藏如何光景必

〔註19〕即柴達木。
〔註20〕《平定準噶爾方略》卷一頁一作策妄阿喇布坦。
〔註21〕此處似乎遺一「仇」或「復」字。
〔註22〕原文如此，「郝玉林」為「郝玉麟」之誤。

得通信方好，察木多之兵亦屬要緊，亦不可令其單軟，四川雲南再當如何發兵接濟處當再籌畫，應調者調應奏者奏，就此一番必務萬全，永定西海，即便多費此錢糧亦值，不可因此少懷疑慮。再卜隆吉之降投來者恐他們不能辨別真假，與明歲進兵時大有干係，必務安插得所方好，特諭。

〔14〕論詢羅卜藏丹盡敗後去向等事[2]-[33]-1130

朕躬甚安好，內外安靜平和，你家中上下老幼皆甚好，你好麼，太勞心費力矣，錢以愷條陳什麼要緊事，有工夫寫如許字來，他的原奏隨便發回來，你說的甚是，原是當一件閑事，未有西海事之先偶問及的。再沿邊一帶百姓甚苦了，為此朕在此擬一上諭，安慰百姓，一兩日擬就發於你，你着量增減頒示地方。再羅卜藏丹盡自從敗回後去向真信不知還可得否，先奏往察木多去，昨此奏云敖拉木呼盧，但此地名地圖上便〔註23〕察不知在那里，難道西海人就剩阿拉卜坦〔註24〕二三千人在肅邊出沒，其餘盡遠遁去乎，只怕未必，這也奇怪，難道一兩个逃生回來的人也沒有麼，此時當彼眾判〔註25〕親離之時也，烏合之眾如何嚴緊，法行至此，令人難測，搶邊眾或為利從而行之，大冬遠遁，非下眾之願，如何行得通，這一向無信，朕甚疑之。周英〔註26〕得先至藏則佛天之大慈也，朕意賊必有一支人往藏矣，大槩西海人總未有南向擾亂立塘〔註27〕巴塘柴旦木〔註28〕之信，的確否。如果盡往查木多去，乃大可慶幸之事也，探信甚要，得真信更要，凡有所聞不必以朕憂心為念，奏聞好。

〔15〕論只管動用錢糧料理並令惜用岳鍾琪等事[2]-[33]-1131

真正累了你了，不但朕，怡親王都心疼你落眼淚，阿彌陀佛，好一大險，幸賴佛天大慈，化吉成祥，向後事一切不必忙，錢糧就費些，此事若定，仗天地慈悲，補足有日，憑你該怎麼料理只管動用，朕豈忍怪你耗費錢糧之理，況你如何得用錯。近代人情，實非從寬不可，四川錢糧朕已與怡、旧商酌撥給，

〔註23〕「便」應為「遍」之誤。
〔註24〕此處為貝子阿喇布坦，即小阿喇布坦、巴噶阿喇布坦，顧實汗圖魯拜琥第二子鄂木布曾孫，父額琳沁達什，祖墨爾根台吉，《蒙古世系》表三十六失載，羅卜藏丹津亂平年羹堯於會盟時殺之。
〔註25〕「判」應為「叛」之誤。
〔註26〕即「周瑛」之誤。
〔註27〕「立塘」即裡塘。
〔註28〕「柴旦木」即柴達木。

此處錢糧有所需要，可預奏聞數目撥發送來，今使人暫將八千餘貂皮，千餘各色緞疋，命左世永同部員一兩日內自京起身賞給與你送到，以備勞賞之用。第一件你保養精神，量力而行，不可過於勉強。岳鍾琪着寔惜而用之，一百丹盡〔註29〕亦不值一個岳鍾琪，至囑諭，至囑諭。

宋可進三處建功，朕欲加他恩典，到來不恐別者，另有効力之員恐寒心，因未發旨，你可酌量或應賞翎子者或應陞副將參遊者，爾可一面就字到，就傳旨意，一面將施的恩典明白寫來，朕即諭部，若目下可以緩之不必，亦將情由奏來。所奏四滿摺留中諭部存錄，都中平靜。

朕躬甚安，爾家中老幼中外平安，特諭。

〔16〕諭年羹堯西海大定應撤兵各回汛地並令可回西安署任
[2]-[33]-1132

諭大將軍年羹堯，今西海大定，西寧地方窄小，多兵久駐無益，爾可量留以備整理地方，應回各汛者令回，會盟事竣爾任內之事已曠日久，西寧着勇略將軍岳鍾琦彈壓西寧，料理未了之事，爾若可以回任路由寧夏，看視蓋造營房，將鹽務等事，回任西安可也，特諭。

回署時一切人得多些好，有順路徹回兵馬帶數百人走更好看，萬萬不可忽略，必務遵旨而行。

〔17〕諭寧夏滿兵修理營房等事應徐徐料理[2]-[33]-1133

寧夏駐防滿州兵，修理營房等事應當料理者爾看空閑亦當次第徐徐料理矣，大將軍〔註30〕大槩定住看陵，不來寧夏，此事不必預備，其餘應住多少兵，修治多少房舍，聞得先前寧夏駐兵已定，將軍衙門兵房皆有了，後因不駐防又將此房舍議還等語，爾可一總細察，議定具奏。

〔18〕諭示祭陵回京並寬免官兵賠補借用銀兩等情[2]-[33]-1135

十一日陵事竣即日回鑾，諸凡如意，晚接此奏，件件皆可喜之事，實不知將何諭爾也，此番兵官所借用銀兩現着怡親王察查，此一番殊勳兵將特屬破格可嘉，朕何忍着他們賠補，何顏着他們還項，察明盡賜寬免。再你與勇略將軍朕亦有旨，其他大員以及將弁朕未詳其効力之淺深，恐施恩輕重不當，

〔註29〕即羅卜藏丹津。
〔註30〕指胤禎（允禵）。

爾可酌量列名，當如何加恩處——明白寫來密奏，即周瑛赦玉林〔註31〕等亦
斟酌入奏。

西海事平，一繫蒙古番子沿邊一帶如何為長久之治，西海人等若可令更
本朝服色，所擒獲之人如何編緝牛彔，卜隆吉一帶地方如何令民開墾，一總
西邊永定大事正你費心勞神之時也，可與岳鍾琪逐件消停——詳悉疇〔註32〕
畫，趁此兵威大振之時作千百年不易之規方好，寔寔全賴爾為朕立此萬年之
大業也，臨諭不勝歡欣慶幸，神怡心暢之至，特諭，三月十一日〔註33〕燈下
趁興喜諭。〔註34〕

〔19〕諭大將軍身子要緊不可恃勇疏忽[2]-[33]-1145

前番見你奏，見西海歸順之人並使來九家人，覺得特親近，不防禦些，初
次則可，久行不必，還當令多人護擁，方是大將軍體統，你身子甚要緊，不可
恃勇疏忽，特諭。〔註35〕

〔20〕諭為阿爾布坦厄爾侵遣使等事商酌對策[2]-[33]-1146

富寧安處有報來，賊王阿爾卜坦〔註36〕厄爾侵〔註37〕使人，將次到巴爾
坤〔註38〕，來人只一宰桑之子，從者十二人，朕意他若果從此事，必使他親弟
姪或心腹大些人物宰桑等來，今只遣一尋常人來之景，不似此番即可了事，或
者羅卜藏丹盡有什麼緣故，或今歲逃去策卜屯〔註39〕到處亂說瞎話，又長彼惡
逆之念，亦未可定，待使人到來，言辭若順，朕亦當遣使臣去，若使人去，何
等人誰好，和你商量，若和事似屬不能即成，兩路兵馬又徹不得，如何方是，
他若有驕傲不順之言，還是忍是，還爭大體，何者於事有益，朕要看你的主意
再定。今歲策卜屯無故竟逃去，羅卜藏丹盡又好好如此亂來，事逢其會，朕深
以此為念，不似如此善罷如意光景，賊王大事，你目今通盤主意如何，兵馬之

〔註31〕「赦玉林」為「郝玉麟」之誤。
〔註32〕「疇」應為「籌」之誤。
〔註33〕雍正二年三月十一日。
〔註34〕此段上諭可參見年羹堯雍正朝漢文摺第二五七號文檔。
〔註35〕此段上諭可參見年羹堯雍正朝漢文摺第二六〇號文檔。
〔註36〕《平定準噶爾方略》卷一頁一作策妄阿喇布坦。
〔註37〕使者之意。
〔註38〕今新疆巴里坤縣。
〔註39〕待考。

大局，當如何料理處，明白寫來，朕看了參詳眾議，再作主意。候使人到富寧安處，他必先問了來情奏聞，朕諭他也通知你，候富寧安的文一到，你看了也即將你主意速奏聞，此諭一到即將你現揣度之意亦即回奏來，特諭。

〔21〕論禮部貴妃年氏封為皇貴妃[2]-[33]-1152

諭禮部。

諭禮部，貴妃年氏秉性柔嘉，持躬淑慎，朕在藩邸時事朕克盡敬誠，在皇后前小心恭謹，馭下寬厚和平，朕即位後貴妃於皇考皇妣大事皆盡心力疾盡禮，實能贊襄內政，妃素病弱〔註40〕，三年以來朕辦理機務宵旰不遑，未及留心商榷胗治，凡方藥之事悉付醫家，以致躭延，目今漸次沉重，朕心深為軫念，貴妃著封為皇貴妃，倘事出，一切禮儀俱照皇貴妃行，特諭。

〔22〕論年羹堯加意撫綏安輯西疆邊民[2]-[33]-1153

上諭，大將軍川陝總督年羹堯，西陲自用兵以來沿邊軍民効力急公，備極勞苦，朕知之甚悉，前回澤妄阿喇布坦〔註41〕侵陵哈密，將近邊方，不得已而興師致討，用民力發帑金無非為安輯生靈計也，今羅布藏丹津者無知小醜，背兩朝撫恤之恩，忘伊父恭順之舊，無故騷擾西寧甘涼肅一帶地方，若不用兵撲滅，小民何日得安，近因將卒奮勇殺賊，逆寇敗遁，明春必當尅期勦除，以彰國法，永靖邊陲，頃者澤妄阿喇布坦遣使納款，如果誠心嚮化，朕定加寬宥，休息兵民。雖羅布藏丹津自作逆罪，若能悔懼投誠，朕亦當曲赦以紓我民力，蓋強暴一日不靖，民生一日不安，朕心期於禁暴安民而已，非好武功也。歷年以來西陲一帶得力為多，是以我聖祖皇帝賜租發賑，疊沛恩膏，朕深念邊民勞苦，又特頒諭旨蠲累年錢糧之積欠，免三釐三合之徵收，其應賠駝馬價銀槩予豁免，務期人人安居樂業，不料意外羅布藏丹津背恩作孽，西寧近邊村堡與莊浪涼州永昌古浪等處附近南山居民被其劫掠，失時廢業，恐致流離，朕懷淒為憫惻，當加意撫綏安輯，暫且量給銀糧〔註42〕，務令盡皆得所，事平之日朕自大需殊恩，慰勞爾沿邊一帶兵民也，特諭。〔註43〕

你酌量當行即行，當緩則緩。

〔註40〕原文作「妃素有羸弱之症」，塗改為「妃素病弱」四字。
〔註41〕即策妄阿喇布坦。
〔註42〕原文作「糧食田種」，改為「銀糧」。
〔註43〕此段上諭可參見年羹堯雍正朝漢文摺第一七二號文檔。

此諭尚未諭部，和你商量，若加此恩與時勢有益，一面傳旨一面回奏，到來朕即諭部，若當緩之亦可，將情由寫來奏聞，朕且暫停此舉，特諭。〔註44〕

〔23〕諭湖廣總督李成龍等漢陽縣人高符吉隱匿年羹堯貲財著速行搜查[2]-[33]-1155

上諭，湖廣總督李成龍、巡撫法敏，朕查得湖廣漢陽府漢陽縣人高吉符係年羹堯多年信用之人，年羹堯任川撫時即用伊行財，興販米木，其家巨富，且隱匿年羹堯貲財甚多，爾等可速行搜查，務得其實，毋使奸徒詭詐藏漏，李成龍與年羹堯原係世親，今年羹堯岡上營私，罪譴重大，李成龍不可稍有瞻狗，以致波累，特諭。

〔24〕諭川兵順路剿撫歸德至松潘一帶番族甚屬可嘉著另行議敘有功人員[2]-[33]-1156

上諭，西海既平之後，涼州莊浪所有賊番以次勦撫，官兵効力甚著功勤，今大將軍年羹堯與奮威將軍岳鍾琪商酌，乘川兵回汛之便，將歸德至松潘一帶番族或勦或撫，悉無梗化者，據奏殊為可嘉，此番在事有功人員，著於勦撫桌子山之外另行議敘，該部知道。〔註45〕

〔註44〕此上諭最後一段文字《雍正朝漢文硃批奏摺彙編》一書無，據《年羹堯奏摺專輯》「漢字上諭部分」第二號文檔補，此上諭最後二段《年羹堯奏摺專輯》單獨作為一上諭，為「漢字上諭部分」第二號文檔，可參酌。

〔註45〕此上諭可參見年羹堯雍正朝滿文摺第一七四號文檔。

附錄三　年羹堯有關之滿文函牘

〔1〕致固山額真席倫圖函牘（雍正元年五月十一日）[5]-1-711

〔2〕致駐紮西寧侍郎常壽函牘（雍正元年五月十一日）[5]-2-713

〔3〕致駐紮西寧侍郎常壽函牘（雍正元年六月六日）[5]-3-715

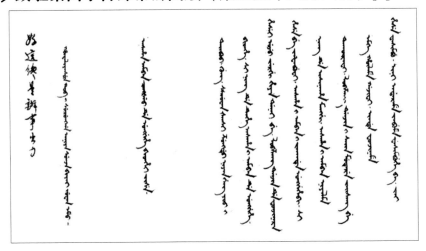

〔4〕致駐紮西寧侍郎常壽函牘（雍正元年六月六日）[5]-4-716

〔5〕致乾清門頭等侍衛達奈函牘（雍正元年六月二十日）[5]-5-718

〔6〕致駐紮西寧侍郎常壽函牘（雍正元年九月十一日）[5]-6-721

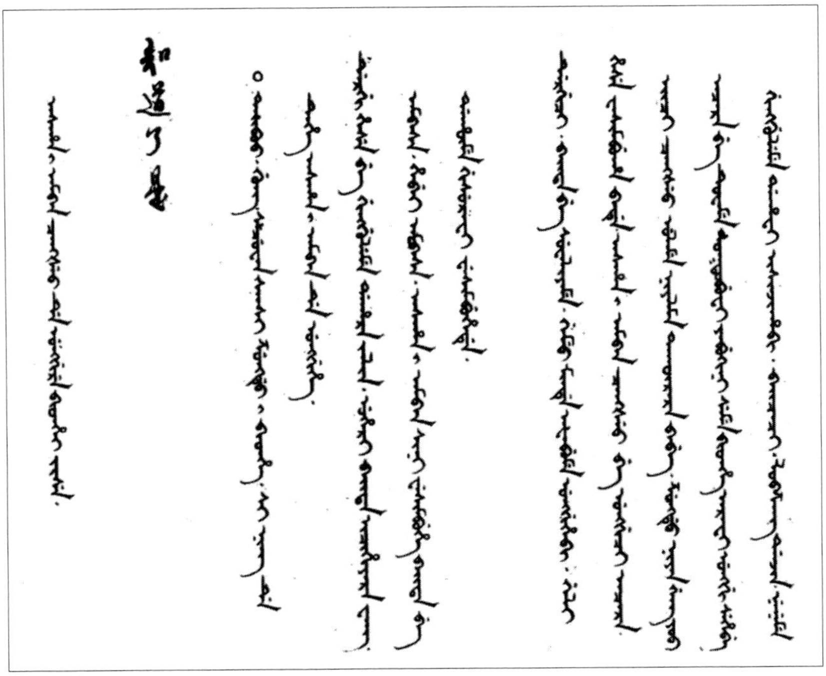

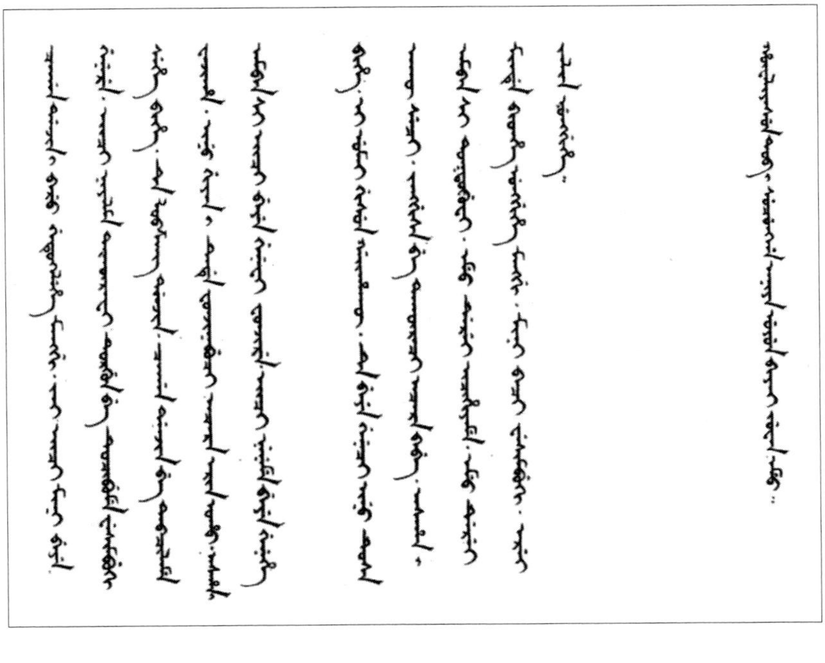

〔7〕致西海羅卜藏丹津書函牘（雍正元年九月十一日）[5]-7-723

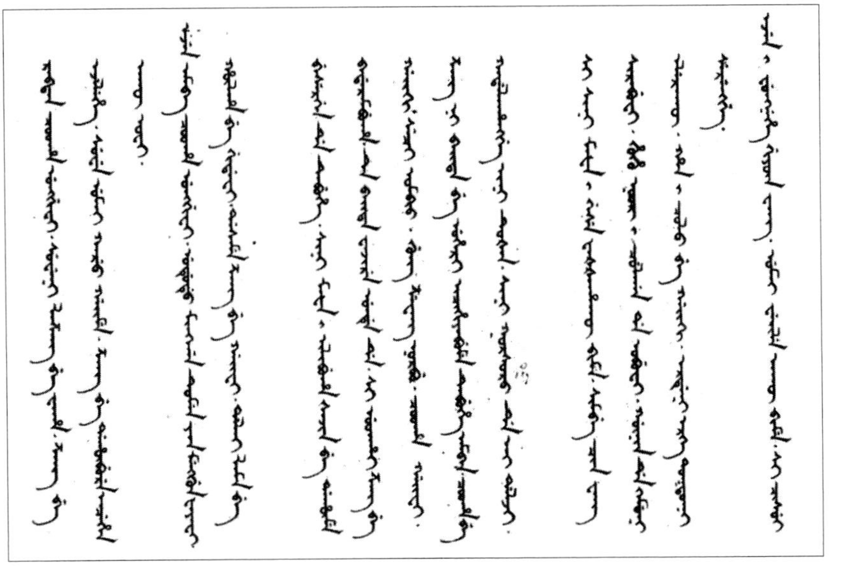

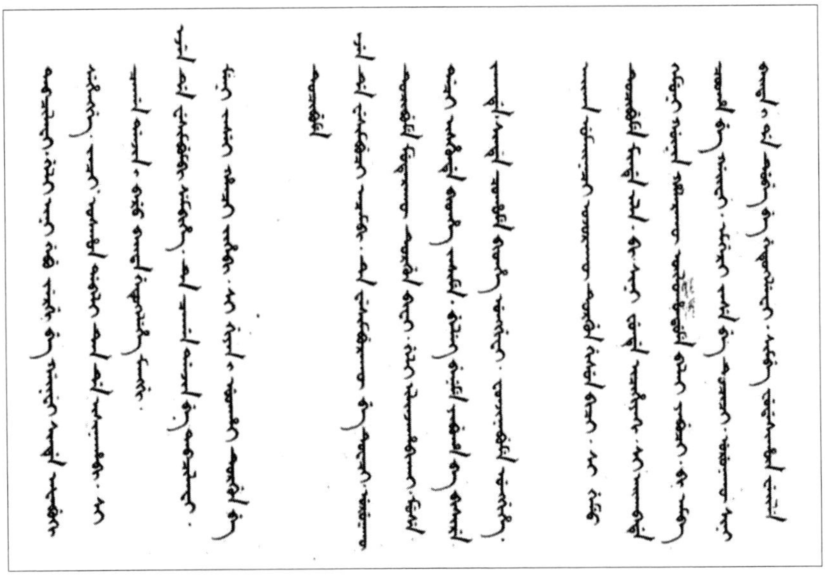

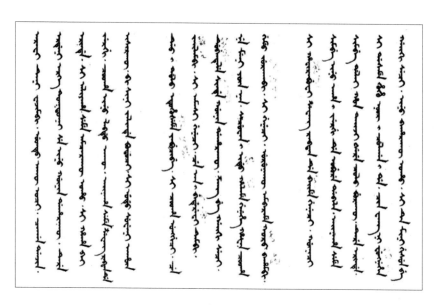

〔8〕侍郎常壽致年羹堯函牘（雍正元年九月二十四日）[5]-8-728

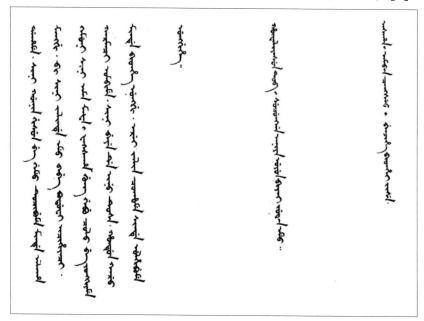

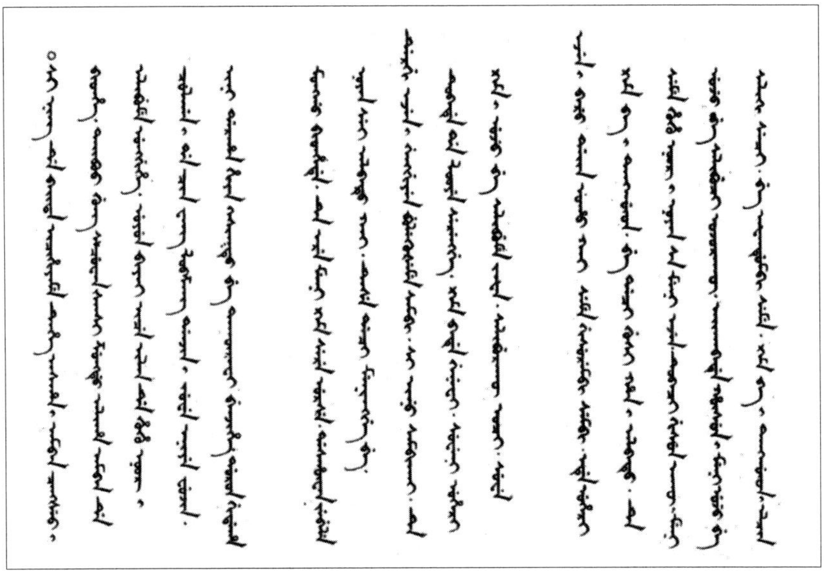

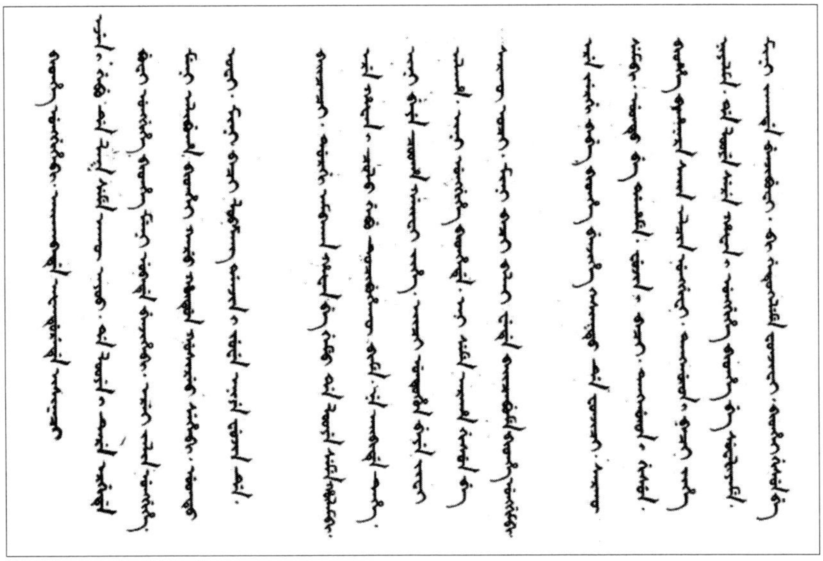

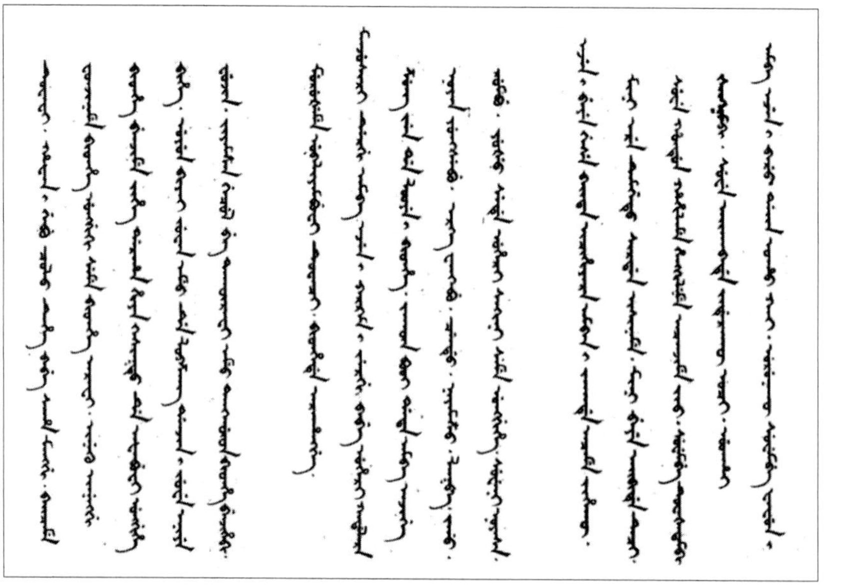

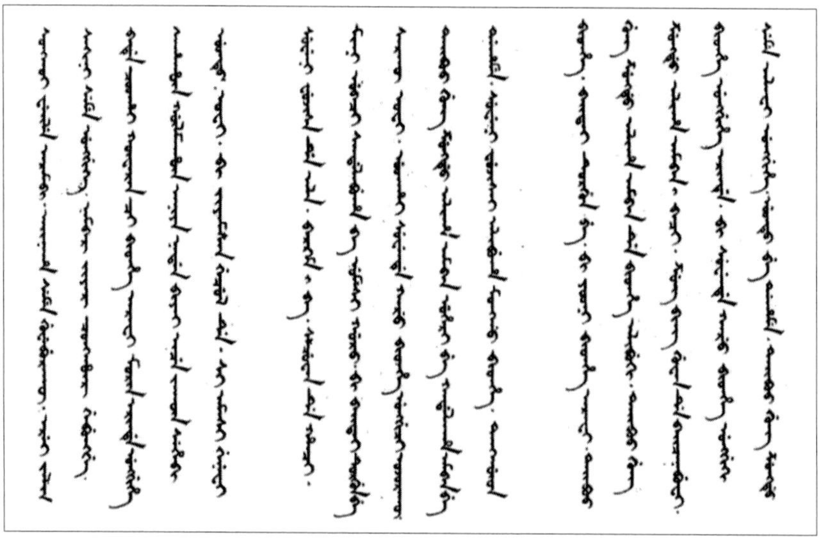

〔9〕致西海羅卜藏丹津函牘（雍正元年九月二十八日）[5]-9-733

ᠪᠣᠯᠵᠠᠢ

附錄四　雍正朝滿文上諭

〔1〕諭至西寧謀滅羅卜藏丹津[5]-1-769

〔2〕諭選兵馬追殺羅卜藏丹津[5]-2-770

〔3〕論酌辦兵馬駱駝糧食事宜[5]-3-773

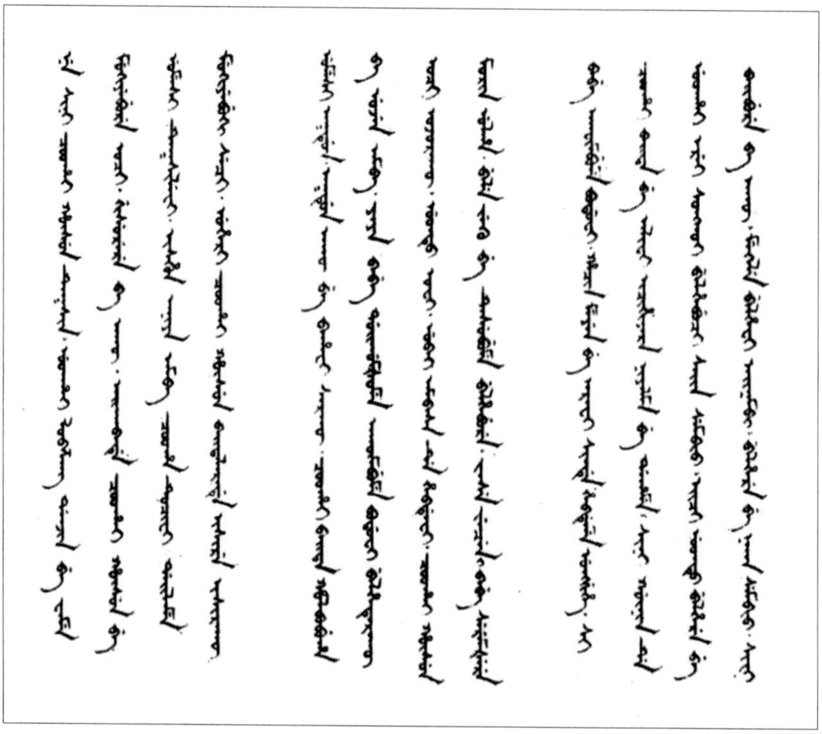

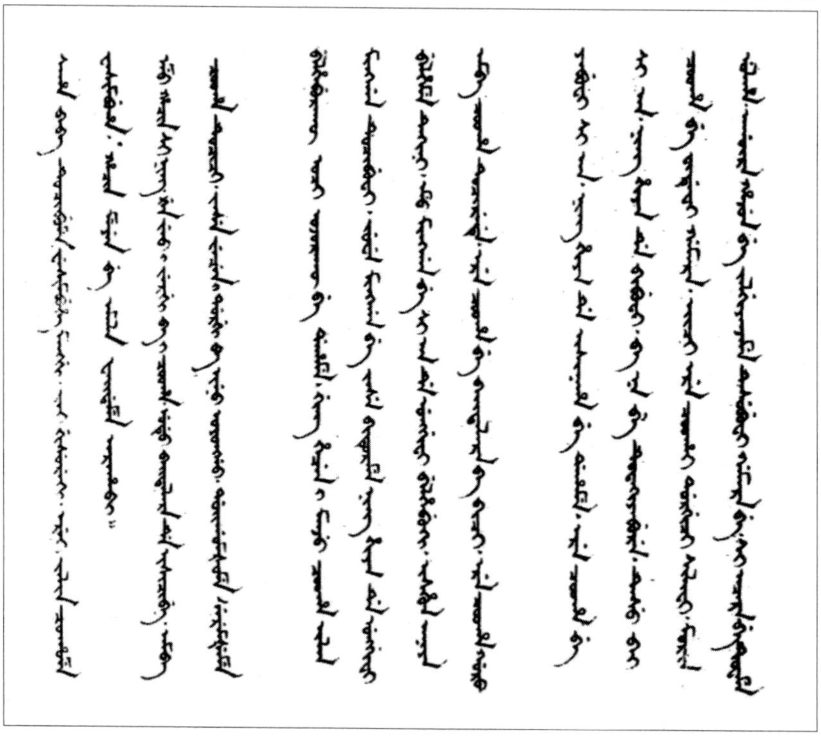

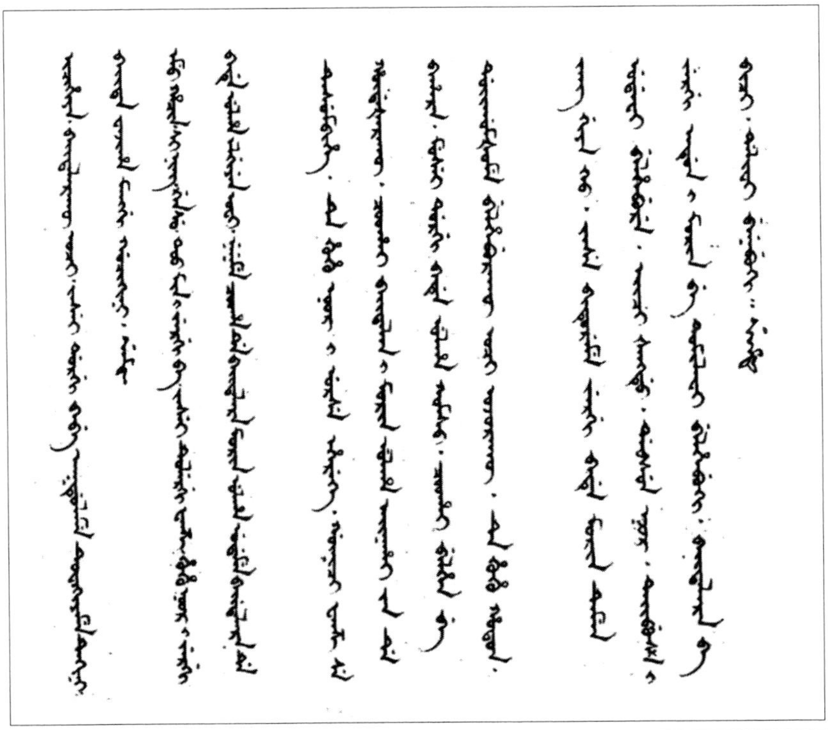

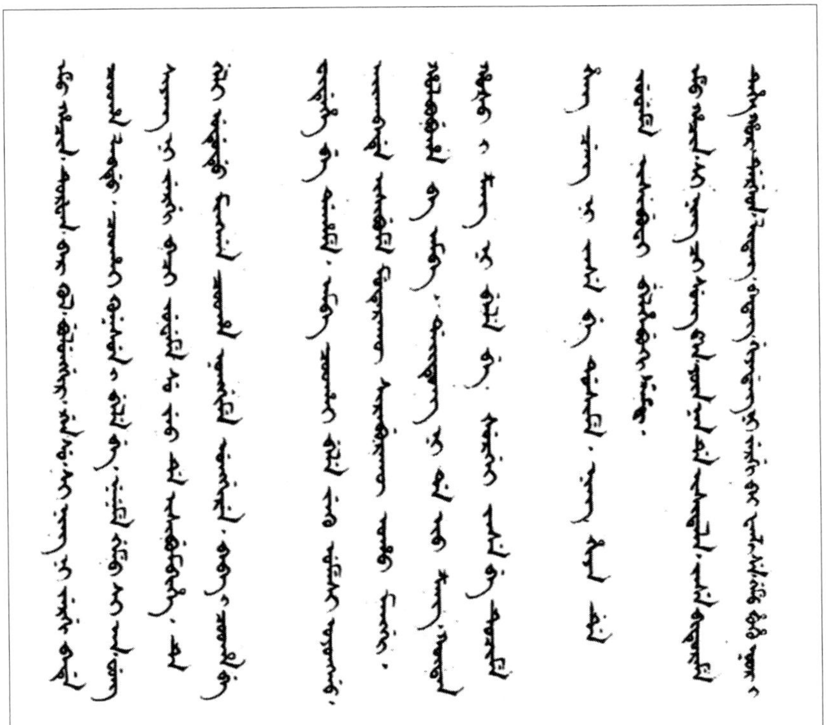

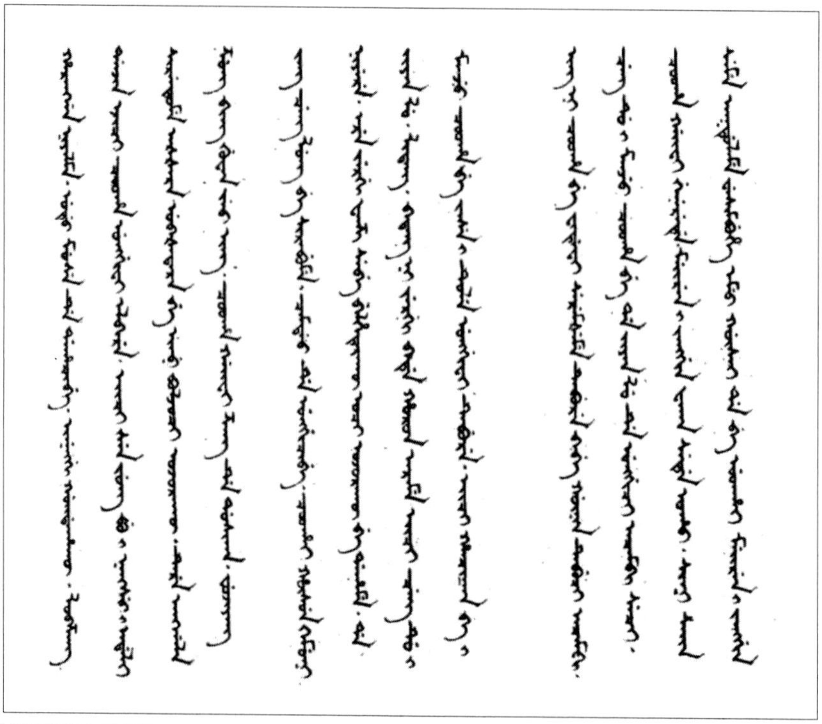

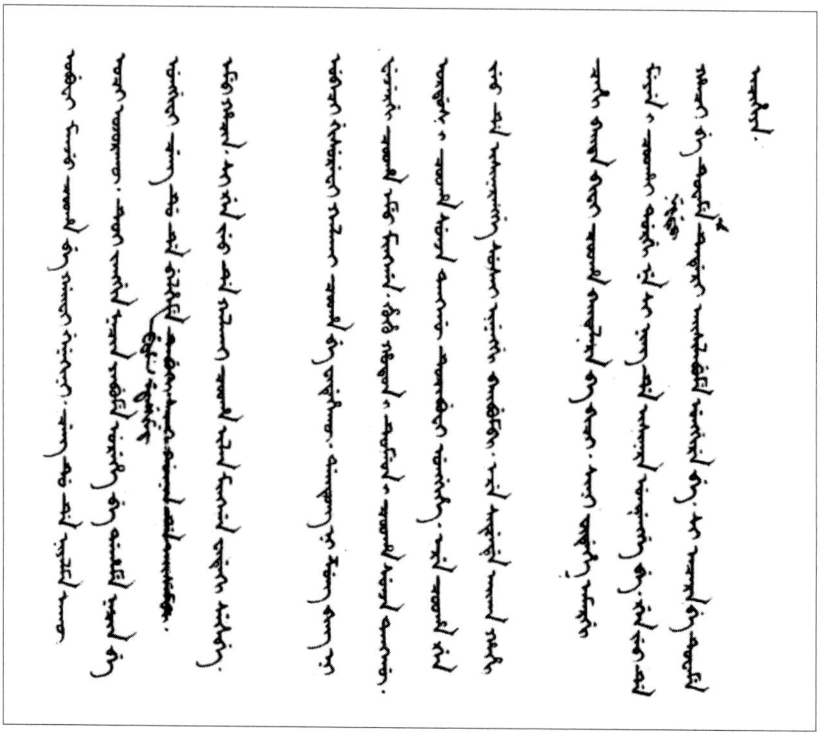

〔4〕論欣聞敗敵事勉繼續努力[5]-4-780

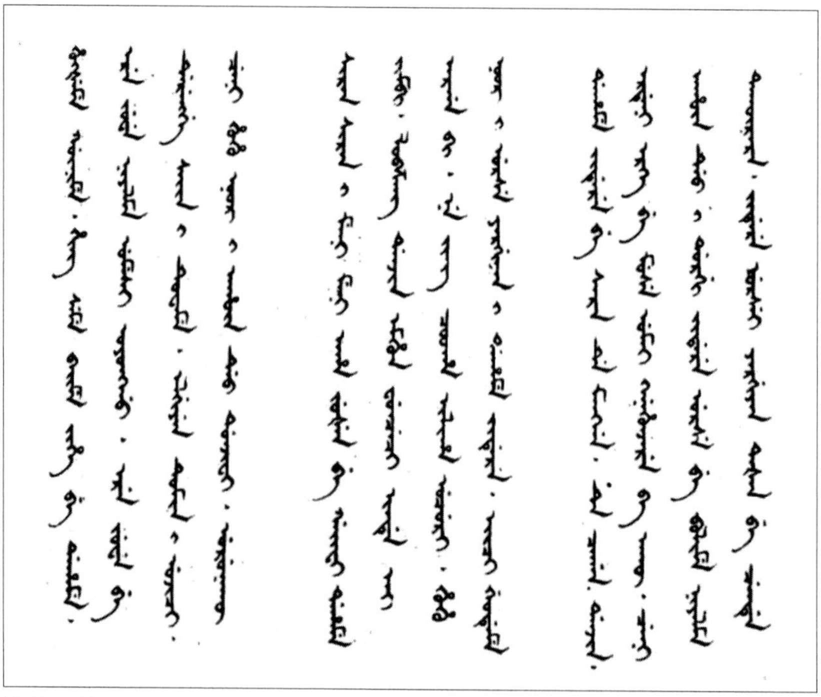

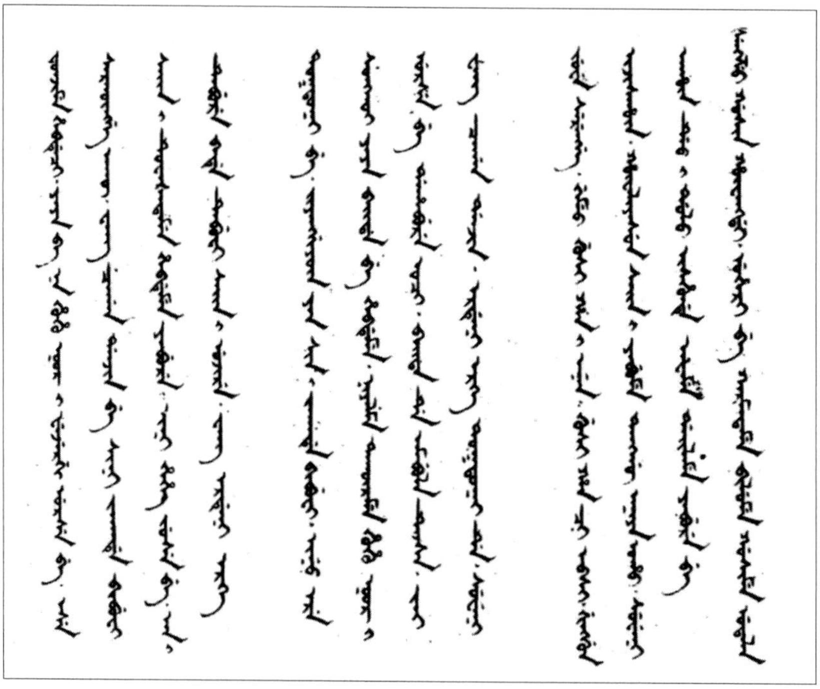

〔5〕論率兵出邊滅羅卜藏丹津[5]-5-785

〔6〕諭善待親王代青和碩齊旨[5]-6-787

〔7〕諭儘速平定羅卜藏丹津亂[5]-7-788

〔8〕論酌辦遣兵調兵撤兵事宜[5]-8-790

〔9〕論酌賞廓清賊巢出力官兵[5]-9-791

〔10〕論調額爾德尼帶路截敵兵[5]-10-793

〔11〕諭酌辦兵馬糧食草料諸事[5]-11-794

〔12〕諭賞罰多爾濟常壽之功過[5]-12-796

〔13〕論議定康濟鼐是否駐西藏[5]-13-798

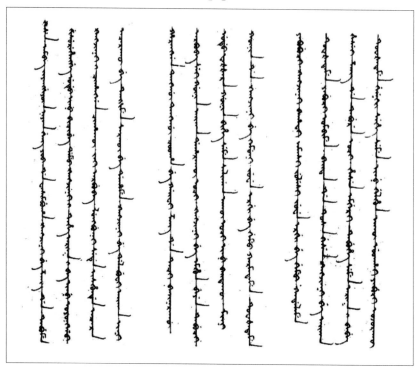

〔14〕論定議遣人辦理河東鹽政[5]-14-799

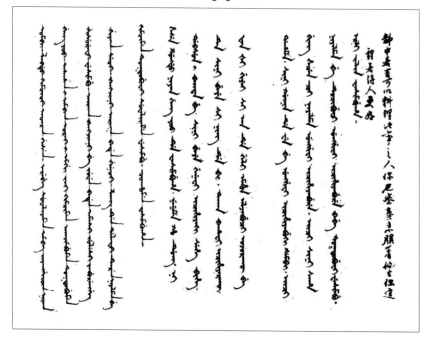

〔15〕諭買辦一應雜物供給降人[5]-15-800

〔16〕寄信策妄阿拉布坦遣使事[5]-16-801

〔17〕傳諭呼呼諾爾大小官員等[5]-17-803

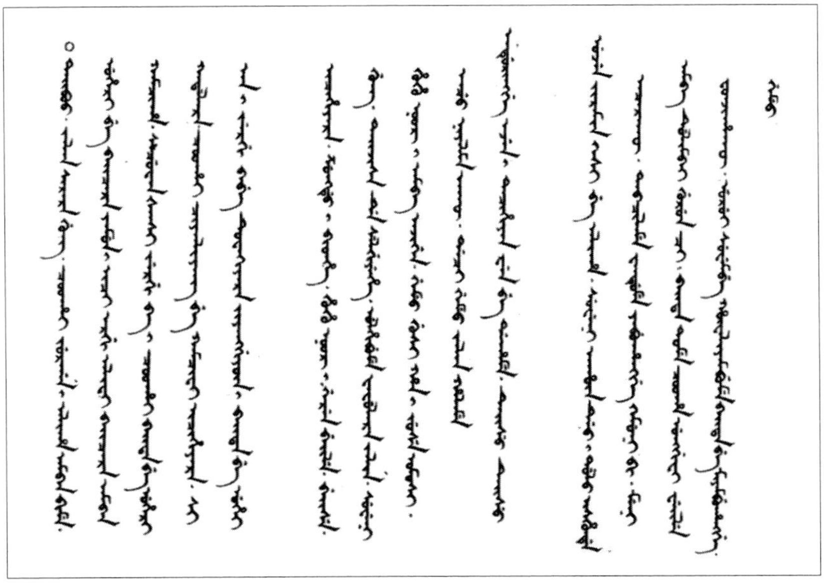

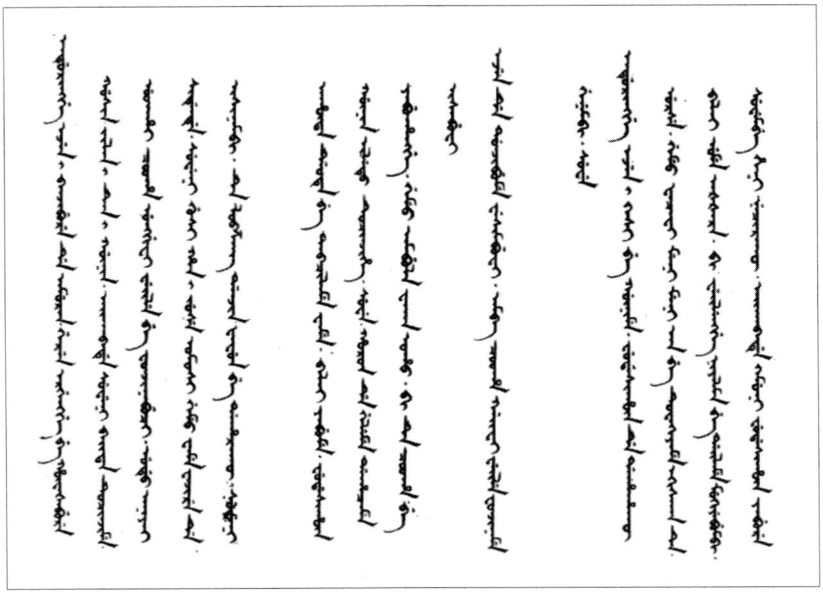

〔18〕諭速調兵至河州附近駐戍[5]-18-806

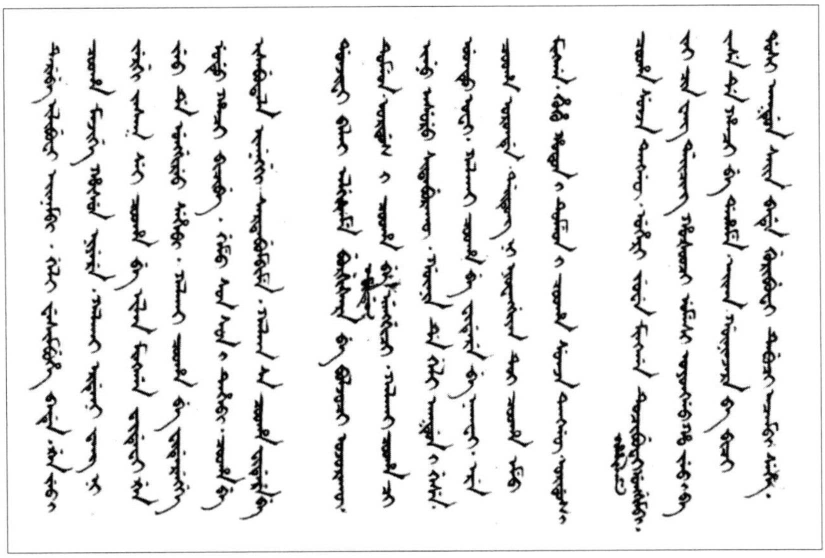

附錄五　雍親王申斥年羹堯密諭 [註1]

　　王字諭年羹堯。知汝以僄佻惡少，屢逢僥倖，君臣大義素所面牆，國朝祖宗制度，各王門旗屬主僕稱呼，永垂久遠，俱有深意，爾狂昧無知，具啟稱職出自何典，屢諭爾父，爾猶抗違不悛，不徒腹誹，而竟公然飾詞詭拒，無父無君莫此為甚。

　　況妃母 [註2] 千秋大慶，阿哥 [註3] 完婚之喜而汝從無一字前來稱賀，六七個月無一請安啟字，視本門之主已成陌路人矣。且汝所稱捐貲助餉家無餘財，更屬無謂之甚，況我從未問及汝家囊橐，何得以鄙褻之心測我，而肆進其矯廉之詞。況汝在蜀驕橫不法，狂悖無忌，皇上將來不無洞鑒，而尚敢謂今日之不負皇上，即異日之不負我者，是何言歟，以無法無天之談而誘余以不安分之舉也，豈封疆大吏之所當言者，異日二字足可以誅羹堯全家。且汝於孟光祖餽遺授受不但眾所共知，而且出自於汝家人之親口以告我者，尚敢朦朧皇上，得以漏網，即此一事是即汝現在所以負皇上而將來之所以必負我者也。至於我之培植下人，即并其家人父子亦無不委曲作養成全，在汝固已無人心，諒必非無耳無目者，於此不思所以報稱，而反公然跋扈，爾所蓄何心，誠何所挾持而竟敢於如此耶，即此無狀是即汝之現在所以負我，即異日必負皇上者也。

　　況在朝廷稱君臣，在本門稱主僕，故自親王郡王貝勒貝子以至公等莫不皆稱主子奴才，此通行常例也，且汝父稱奴才，汝兄稱奴才，汝父豈非封疆大臣乎，而汝獨不然者，是汝非汝兄之弟，亦非汝父之子矣。又何必稱我為主，既

〔註 1〕《文獻叢編》圖像第一頁《雍親王致年羹堯書真蹟》。
〔註 2〕指雍親王母德妃烏雅氏，見王光越《雍親王諭考釋》。
〔註 3〕指雍親王子弘時，見王光越《雍親王諭考釋》。

稱為主，又何不可自稱奴才耶。汝父兄所為不是，汝當勸約而同之則猶可也，不遵父訓，抗拒本主，無父無君，萬分可惡。若汝或另有所見，或別有委曲，汝不妨具摺啟奏，申明汝之大典，我亦將汝不肯稱奴才之故，以至妃母大慶、阿哥喜事，并於我處終年無一字請安，以及孟光祖之事與汝所具異日之啟，好好存留在此，一一奏明，諒皇上自有定奪也。

再汝父年老，汝子自當代汝奉養，汝毫不為意，七八個盡留任所，豈人心之能惡也，只待汝子娶親方令來京。信乎，求忠臣於孝子也。而又便及於我所具啟，儀苟簡無禮，言詞背謬，皆汝之不肖下屬無可奈何之所以應塞汝者而槩施之於我，是豈主子奴才之禮乎。凡此者皆汝之不學無術，只知逞一時剛愎之私而自貽乃父之戚耳，自今以後凡汝子十歲以上者，俱着令來京侍奉汝父，即汝昔年臨行時向我討去讀書之弟姪，亦必着令作速來京，毋留在外，法成汝無父無君之行也。

觀汝今日藐視本門主子之意，他日為謀反叛逆之舉，皆不可定，汝父見汝此啟當余之面痛哭，氣恨倒地，言汝瘋狂亂為，汝如此所為而猶敢以偽孝欺人，覥言父子天性，何其喪心病狂一至於此。況汝父在京我之待他恩典甚重，諒汝無父之人亦未必深悉其委曲也，然聖主以孝治天下，而於我惜老之夙心有所不忍，故不惜如此申斥，警汝愚蒙，汝誠能于此爽然自失，真實悔悟，則誠汝之福也，其猶執迷不悛，則真所謂噬臍莫及者矣，汝其圖之。

附錄六　年羹堯傳記四篇

《清史稿》年羹堯傳[註1]

　　年羹堯，字亮工，漢軍鑲黃旗人，父遐齡自筆帖式授兵部主事，再遷刑部郎中，康熙二十二年授河南道御史，四遷工部侍郎，出為湖廣巡撫。湖北武昌等七府歲徵匠役班價銀千餘，戶絕額缺，為官民累，遐齡請歸地丁徵收，下部議從之。疏劾黃梅知縣李錦虧賦，奪官，錦清廉得民，民爭完逋賦，諸生吳士光等聚眾閉城留錦，事聞，上命調錦直隸，士光等發奉天，遐齡與總督郭琇俱降級留任，四十三年遐齡以病乞休。

　　羹堯，康熙三十九年進士，改庶吉士，授檢討，迭充四川廣東鄉試考官，累遷內閣學士，四十八年擢四川巡撫。四十九年幹偉生番羅都等掠寧番衛，戕遊擊周玉麟。上命羹堯與提督岳昇龍剿撫。昇龍率兵討之，擒羅都，羹堯至平番衛，聞羅都已擒，引還。川陝總督音泰疏劾，部議當奪官，上命留任。五十六年越巂衛屬番與普雄土千戶那交等為亂，羹堯遣遊擊張玉剿平之。

　　是歲策妄阿喇布坦遣其將策凌敦多卜襲西藏，戕拉藏汗，四川提督康泰率兵出黃勝關，兵譁，引還，羹堯遣參將楊盡信撫諭之，密奏泰失兵心，不可用，請親赴松潘協理軍務，上嘉其實心任事，遣都統法喇率兵赴四川助剿。五十七年羹堯令護軍統領溫普進駐裡塘，增設打箭爐至裡塘驛站，尋請增設四川駐防兵，皆允之。上嘉羹堯治事明敏，巡撫無督兵責，特授四川總督，兼管巡撫事。五十八年羹堯以敵情叵測，請赴藏為備，廷議以松潘諸路軍事重要，令羹堯毋

〔註1〕《清史稿》卷二九五列傳八十二。

率兵出邊，檄法喇進師，法喇率副將岳鍾琪撫定裡塘、巴塘，羹堯亦遣知府遲維德招降乍丫、察木多、察哇諸番目，因請召法喇師還，從之。

五十九年上命平逆將軍延信率兵自青海入西藏，授羹堯定西將軍印，自拉里會師，並咨羹堯孰可署總督者，羹堯言一時不得其人，請以將軍印畀護軍統領噶爾弼，而移法喇軍駐打箭爐，上用其議。巴塘、裡塘本雲南麗江土府屬地，既撫定，雲貴總督蔣陳錫請仍隸麗江土知府木興，羹堯言二地為入藏運糧要路，宜屬四川，從之。興率兵往收地，至喇皮擊殺番酋巴桑，羹堯疏劾，上命逮興囚雲南省城。八月噶爾弼、延信兩軍先後入西藏，策凌敦多卜敗走，西藏平，上諭羹堯護凱旋諸軍入邊，召法喇還京師。

羹堯尋遣兵撫定裡塘屬上下牙色、上下雅尼，巴塘屬桑阿壩、林卡石諸生番。六十年入覲，命兼理四川陝西總督，辭還鎮，賜弓矢。上命噶爾弼率兵駐守西藏，行次瀘定橋，噶爾弼病不能行，羹堯以聞，上命公策旺諾爾布署將軍，額駙阿寶、都統武格參贊軍務，駐西藏。青海索羅木之西有郭羅克上中下三部，為唐古特種人，屢出肆掠，阿寶以聞，上令羹堯與鍾琪度形勢，策進討，羹堯疏言，郭羅克有隘口三，悉險峻，宜步不宜騎，若多調兵塞上傳聞，使賊得為備，不如以番攻番，臣素知瓦斯、雜谷諸土司亦憾郭羅克肆惡，願出兵助剿，臣已移鍾琪令速赴松潘，出塞督土兵進剿。尋鍾琪督兵擊敗郭羅克，下番寨四十餘，獲其渠，餘眾悉降。

六十一年羹堯密疏言，西藏喇嘛楚爾齊木臧布及知府石如金呈，策旺諾爾布委靡，副都統常齡、侍讀學士滿都、員外郎巴特瑪等任意生事，致在藏官兵不睦。因請撤駐藏官兵，下廷臣議，以羹堯擅議撤兵，請下部嚴議，上原之，命召滿都、巴特瑪、石如金、楚爾齊木臧布等來京師，遣四川巡撫色爾圖、陝西布政使塔琳赴西藏，佐策旺諾爾布駐守。

自軍興陝西州縣饋運供億，庫帑多虧缺，羹堯累疏論劾州縣吏，嚴督追償，陝西巡撫噶什圖密奏虧項不能速完，又與羹堯請加徵火耗墊補。上諭曰，各省錢糧皆有虧空，陝西尤甚，蓋自用兵以來師所經行，資助馬匹盤費衣服食物，倉卒無可措辦，勢必挪用庫帑，及撤兵時亦然，即如自藏回京將軍以至士卒途中所得反多於正項，各官費用動至萬金，但知取用不問其出自何項也，羹堯等欲追虧項以充兵餉，追比不得又議加徵火耗，火耗止可議減，豈可加增，朕在位六十一年從未加徵火耗，今若聽其加派，必致與正項一例催徵，肆無忌憚矣，著傳旨申飭。命發帑銀五十萬送陝西資餉。

　　世宗即位召撫遠大將軍允禵還京師，命羹堯管理大將軍印務〔註2〕，雍正元年授羹堯二等阿達哈哈番世職，並加遐齡尚書銜，尋又加羹堯太保。詔撤西藏駐防官軍，羹堯疏陳邊防諸事，請於打箭爐邊外中渡河口築土城，移嵐州守備駐守，大河南保縣移威茂營千總駐守，越巂衛地方寥闊，蠻保出沒，改設遊擊，增兵駐守。松潘邊外諸番阿樹為最要，給長官司職銜。大金川土目莎羅奔從征羊峒有功，給安撫司職銜。烏蒙蠻目達木等兇暴，土舍祿鼎坤等請擒獻，俟其至給土職，分轄其地，下部議從之。論平西藏功，以羹堯運糧守隘封三等公，世襲。

　　青海台吉羅卜藏丹津為顧實汗孫，糾諸台吉吹拉克諾木齊、阿爾布坦溫布、藏巴札布等劫親王察罕丹津叛，掠青海諸部。上命羹堯進討，諭撫遠大將軍延信及防邊理餉諸大臣，四川陝西雲南督撫提鎮，軍事皆告羹堯。十月羹堯率師自甘州至西寧，改延信平逆將軍，解撫遠大將軍印授羹堯，盡護諸軍，羹堯請以前鋒統領素丹、提督岳鍾琪為參贊大臣，從之，論平郭羅克功，進公爵二等。

　　羹堯初至西寧，師未集，羅卜藏丹津詗知之，乃入寇，悉破傍城諸堡，移兵向城，羹堯率左右數十人坐城樓不動，羅卜藏丹津稍引退，圍南堡，羹堯令兵斫賊壘，敵知兵少，不為備，驅桌子山土番當前隊，砲發，土番死者無算，鍾琪兵至直攻敵營，羅卜藏丹津敗奔，師從之，大潰，僅率百人遁走。羹堯乃部署諸軍，令總兵官周瑛率兵截敵走西藏路，都統穆森駐吐魯番，副將軍阿喇納出噶斯，暫駐布隆吉爾，又遣參將孫繼宗將二千人與阿喇納師會。敵侵鎮海堡，都統武格赴援，敵圍堡戰六晝夜，參將宋可進等赴援，敵敗走，斬六百餘級，獲多巴囊素阿旺丹津。羅卜藏丹津攻西寧南川口，師保申中堡，敵圍堡，堡內囊素與敵通，欲鑿牆而入，守備馬有仁等力禦，可進等赴援，夾擊，敵敗走，諸囊素助敵者皆殺之，羹堯先後疏聞。並請副都統花色等將鄂爾多斯兵，副都統查克丹等將歸化土默特〔註3〕兵，總兵馬覲伯將大同鎮兵，會甘州助戰，從之。

　　西寧北川、上下北塔蒙回諸眾將起應羅卜藏丹津，羹堯遣千總馬忠孝撫定下北塔三十餘莊，上北塔未服，忠孝率兵往剿，擒戮其渠，餘眾悉降。察罕丹

〔註2〕此句不確，允禵撫遠大將軍印先由平郡王訥爾素署理，延信至後由延信管理大
　　　將軍印務，年羹堯為撫遠大將軍為定平羅卜藏丹津之亂時接替延信者。
〔註3〕即歸化城土默特。

津走河州，羅卜藏丹津欲劫以去，羹堯令移察罕丹津及其族屬入居蘭州。青海台吉索諾木達什為羅卜藏丹津誘擒，脫出來歸，羹堯奏聞命封貝子，令羹堯撫慰。敵掠新城堡，羹堯令西寧總兵黃喜林等往剿，斬千五百餘級，擒其渠七，得器械駝馬牛羊無算，以天寒羹堯令引師還西寧。

尋策來歲進兵疏，請選陝西督標西安固原寧夏四川大同榆林綠旗兵及蒙古兵萬九千人，令鍾琪等分將，出西寧松潘甘州布隆吉爾四道進討，分兵留守西寧甘州布隆吉爾，並駐防永昌巴塘裡塘黃勝關、察木多諸隘。軍中馬不足請發太僕寺上都打布孫腦兒孳生馬三千，巴爾庫爾駝一千，仍於甘涼增買千五百。糧米臣已在西安預買六萬石，軍中重火器請發景山所製火藥一百駝，駝以一百八十斤計，下廷議悉如所請，馬加發千，火藥加發倍所請。

察罕丹津屬部殺羅卜藏丹津守者來歸，羹堯宣上指〔註4〕，安置四川邊外。墨爾根戴青拉查卜與羅卜藏丹津合力劫察罕丹津，其子察罕喇卜坦等來歸，羹堯令招拉查卜內附。又有堪布諾門汗，察罕丹津從子也，為塔兒寺喇嘛，叛從敵，糾眾拒戰，至是亦來歸，羹堯數其罪斬之。羅卜藏丹津侵布隆吉爾，繼宗與副將潘之善擊敗之。西寧南川塞外郭密九部屢出為盜，羹堯招三部內附，餘部行掠如故，呈庫、沃爾賈二部尤暴戾，羹堯令鍾琪率瓦斯、雜谷二土司兵至歸德堡，撫定上下寺東策布，督兵進殲呈庫部眾，擒戮沃爾賈部酋，餘並乞降。

二年上以羅卜藏丹津負國，叛不可宥，授鍾琪奮威將軍，趣羹堯進兵，西寧東北郭隆寺喇嘛應羅卜藏丹津為亂，羹堯令鍾琪及素丹等督兵討之，賊屯哈拉直溝以拒，師奮入，度嶺三，毀寨十，可進、喜林及總兵武正安皆有斬馘，復毀寨七，焚所居室，至寺外，賊伏山谷間聚薪縱火，賊殲焉，殺賊六千餘，毀寺，誅其渠。青海貝勒羅卜藏察罕、貝子濟克濟札布、台吉滾布色卜騰納漢將母妻詣羹堯請內屬，羹堯予以茶葉大麥，令分居邊上。羹堯遣鍾琪、正安、喜林、可進及侍衛達鼐，副將王嵩、紀成斌將六千人深入，留素丹西寧佐治事。

二月鍾琪師進次伊克喀爾吉，搜山獲阿爾布坦溫布，喜林亦得其酋巴珠爾阿喇布坦〔註5〕等，師復進，羹堯詗知阿岡都番助敵，別遣涼莊道蔣洄等督兵攻之，戮其囊素。復擊破石門寺喇嘛，殺六百餘人，焚其寺。鍾琪師復進次席爾哈羅色，遣兵攻噶斯，逐吹拉克諾木齊。三月鍾琪師復進次布林哈屯，羅卜藏丹津所居地曰額母訥布隆吉，鍾琪督兵直入，分兵北防柴旦木，斷往噶斯道，

〔註4〕原文如此，「指」應為「旨」之誤。
〔註5〕即巴勒珠爾阿喇布坦，缺一「勒」字。

－512－

羅卜藏丹津走烏蘭穆和兒，復走柴旦木，師從之，獲其母阿爾太哈屯及其戚屬等，並男婦牛羊駝馬無算。分兵攻烏蘭白克，獲吹拉克諾木齊及助亂八台吉。時藏巴扎布已先就擒，羅卜藏丹津以二百餘人遁走，青海部落悉平。

　　論功進羹堯爵一等，別授精奇尼哈番，令其子斌襲，封遐齡如羹堯爵，加太傅。並授素丹、可進三等阿達哈哈番，喜林二等阿達哈哈番，按察使王景灝及達鼎、瑛、嵩、成斌拜他喇布勒哈番，提督郝玉麟及正安拖沙喇哈番。

　　阿拉布坦、蘇巴泰等截路行劫，羹堯令繼宗往剿，逐至推墨爾，阿拉布坦、蘇巴泰將妻子遁走，成斌等搜戮餘賊至梭羅木，擊斬堪布夾木燦垂扎木素。羹堯遣達鼎及成斌攻布哈色布蘇，獲台吉阿布濟車陳。又遣副將岳超龍討平河州塞外鐵布等七十八寨，殺二千一百餘人，得人口牲畜無算。羹堯執吹拉克諾木齊、阿爾布坦溫布、藏巴扎布檻送京師，上祭告廟、社、景陵，御午門受俘。

　　羹堯策防邊諸事，以策妄阿喇布坦遣使乞降，請罷北征師，分駐巴里坤、吐魯番、哈密城、布隆吉爾駐兵守焉，轄以總兵，每營撥餘丁屯赤金衛、柳溝所田，設同知理民事，衛守備理屯糧，遊牧蒙古令分居布隆吉爾迤南山中。寧夏邊外阿拉善以滿洲兵駐防，上悉從所請。

　　莊浪邊外謝爾蘇部土番據桌子碁子二山為巢，皆穴地而居，官軍駐其地，奴使之，兵或縱掠，番禦之，盡殲，置不問，番始橫。涼州南崇寺沙馬拉木扎木巴等掠新城張義諸堡。又有郭隆寺逸出喇嘛與西寧納朱公寺〔註6〕、朝天堂、加爾多寺〔註7〕諸番相結，糾謝爾蘇部土番謀為亂，羹堯遣鍾琪等督兵討之。納硃公寺喇嘛降，師進次朝天堂，遣成斌、喜林及副將張玉等四道攻加爾多寺，殺數百人，餘眾多入水死，焚其寺。遊擊馬忠孝、王大勳戰和石溝，王序吉、范世雄戰石門口。洞戰喜逢堡，蘇丹師次旁伯拉夏口，土番偽降，詗之，方置伏，縱兵擊之，所殺傷甚眾。洞搜剿棋子山，逐賊巴洞溝。土司魯華齡逐賊天王溝，先密寺〔註8〕喇嘛縛其渠阿旺策凌以獻，師入轉戰五十餘日，殺土番殆盡，羹堯以先密寺喇嘛反覆不常，並焚其寺，徙其眾加爾多寺外桌子山，餘眾降，羹堯令隸華齡受約束。

　　條上青海善後諸事，請以青海諸部編置佐領，三年一入貢。開市那拉薩拉。陝西雲南四川三省邊外諸番增設衛所撫治。諸廟不得過二百楹，喇嘛不得過三

〔註6〕常寫作朱固寺，位於青海省門源縣珠固鄉。
〔註7〕常寫作加多寺，寺原位於今青海省門源縣東川鎮。
〔註8〕常寫作仙米寺，位於青海省門源縣仙米鄉。

百。西寧北川邊外築邊牆建城堡。大通河設總兵，鹽池、保安堡及打箭爐外木雅、吉達、巴塘、裡塘諸路皆設兵。發直隸山西河南山東陝西五省軍罪當遣者往大通河、布隆吉爾屯田。而令鍾琪將四千人駐西寧，撫綏諸番。下王大臣議行。十月羹堯入覲，賜雙眼花翎、四團龍補服、黃帶、紫轡、金幣。敘功加一等阿思哈尼哈番世職，令其子富襲。

羹堯才氣凌厲，恃上眷遇，師出屢有功，驕縱，行文諸督撫書官斥姓名。請發侍衛從軍，使為前後導引，執鞭墜鐙。入覲令總督李維鈞、巡撫范時捷跪道送迎。至京師行絕馳道，王大臣郊迎不為禮。在邊蒙古諸王公見必跪，額駙阿寶入謁亦如之。嘗薦陝西布政使胡期恆及景灝可大用，劾四川巡撫蔡珽逮治，上即以授景灝，又擢期恆甘肅巡撫。羹堯僕桑成鼎、魏之耀皆以從軍屢擢，成鼎布政使，之耀副將，羹堯請發將吏數十從軍，上許之，覲還即劾罷驛道金南瑛等，而請以從軍主事丁松署糧道，上責羹堯題奏錯誤，命期恆率所劾官吏詣京師。三年正月珽逮至，上召入見，備言羹堯暴貪誣陷狀，上特宥珽罪。

二月庚午日月合璧，五星聯珠，羹堯疏賀用夕惕朝乾語，上怒，責羹堯有意倒置，諭曰羹堯不以朝乾夕惕許朕，則羹堯青海之功亦在朕許不許之間而未定也。會期恆至，入見，上以奏對悖謬奪官。上命更定打箭爐外增汰官兵諸事，不用羹堯議。四月上諭曰，羹堯舉劾失當，遣將士築城南坪，不惜番民，致驚惶生事，反以降番復叛具奏。青海蒙古饑饉匿不上聞，怠玩昏憒不可復任總督，改授杭州將軍。而以鍾琪署總督，命上撫遠大將軍印，羹堯既受代，疏言臣不敢久居陝西，亦不敢遽赴浙江，今於儀徵水陸交通之處候旨，上益怒，促羹堯赴任。山西巡撫伊都立、都統前山西巡撫范時捷、川陝總督岳鍾琪、河南巡撫田文鏡、侍郎黃炳、鴻臚少卿單疇書、原任直隸巡撫趙之垣交章發羹堯罪狀，侍郎史貽直、高其佩赴山西按時捷劾羹堯遣兵圍郃陽民堡殺戮無辜，亦以讞辭入奏，上命分案議罪，罷羹堯將軍，授閒散章京，自二等公遞降至拜他喇布勒哈番，乃盡削羹堯職。

十二月逮至京師，下議政大臣三法司九卿會鞫，是月甲戌具獄辭，羹堯大逆之罪五，欺罔之罪九，僭越之罪十六，狂悖之罪十三，專擅之罪六，忌刻之罪六，殘忍之罪四，貪黷之罪十八，侵蝕之罪十五，凡九十二款，當大辟，親屬緣坐。上諭曰羹堯謀逆雖實，而事蹟未著，朕念青海之功，不忍加極刑，遣領侍衛內大臣馬爾賽、步軍統領阿齊圖齎詔，諭羹堯獄中令自裁。遏齡及羹堯兄希堯奪官，免其罪，斬其子富，諸子年十五以上皆戍極邊。羹堯幕客鄒魯、

汪景祺先後皆坐斬，親屬給披甲為奴。又有靜一道人者四川巡撫憲德捕送京師亦誅死，五年赦羹堯諸子，交遐齡管束。遐齡旋卒，還原職，賜祭。

希堯初自筆帖式累擢工部侍郎，既奪官，復起內務府總管，命権稅淮安，加左都御史，十三年為江蘇巡撫高其倬劾罷，乾隆三年卒。

胡期恆，字元方，湖廣武陵人，祖統虞，明崇禎末進士，國初授檢討，官至秘書院學士。父獻徵，自廩生授都察院經歷，官至湖北布政使。期恆，康熙四十四年舉人，獻徵與遐齡友，歡若弟昆，期恆少從羹堯遊，上南巡，獻詩，授翰林院典籍，出為夔州通判，有恩信，民為建生祠。羹堯為巡撫薦期恆，遷夔州知府，再遷川東道，羹堯兼督陝西，復薦遷陝西布政使。期恆通曉朝章國故，才敏，善理繁劇，羹堯深倚之，羹堯挾貴而驕，惟期恆能以微言救其失，羹堯奴辱咸陽知縣，期恆執而杖之，自是諸奴稍斂戢。嘗諷羹堯善持盈，羹堯勿能用，及羹堯敗，諸為羹堯引進者，爭劾羹堯以自解，期恆惟引咎，終不言羹堯，乃下獄頌繫，至高宗即位，始得釋，僑居江南，久之，卒。

論曰，雍正初隆科多以貴戚，年羹堯以戰多，內外夾輔為重臣，乃不旋踵幽囚誅夷，亡也忽諸，當其貴盛侈汰，隆科多恃元舅之親，受顧命之重，羹堯自代充允禵為大將軍，師所向有功，方且憑藉權勢，無復顧忌，即於覆滅而不自怵，臣罔作威福，古聖所誡，可不謹歟。

《清史列傳》年羹堯傳〔註9〕

年羹堯，漢軍鑲黃旗人，湖北巡撫遐齡次子。康熙三十九年進士，改庶吉士，散館授檢討，四十四年充四川鄉試正考官，四十七年充廣東鄉試正考官，歷遷侍講學士，明年二月授內閣學士，旋擢四川巡撫。四十九年二月幹偉生番羅都等掠寧番衛，戕遊擊周玉麟，上命羹堯同提督岳昇龍相機剿撫，七月昇龍率兵進剿，斬馘七千，擒羅都，羹堯至平番衛聞羅都就擒即還，為川陝總督音泰所劾，部議革職，命從寬留任。五十年疏劾打箭爐監稅員外郎博羅侯等苛索狀，詔音泰鞫實，論罪如律。五十六年二月越嶲衛所屬番人與普雄土千戶那交等據險叛，羹堯遣遊擊張玉剿平之。

四月直隸巡撫趙弘燮訪獲鑲藍旗逃人孟光祖徧歷直省，請托賕利，奏聞，事下刑部嚴訊，光祖赴川時曾詐稱誠親王允祉使致餽遺，羹堯受之，且餽以銀馬，令所屬應夫役，上以羹堯不將孟光祖查拿，反行餽送，敕令明白回奏，尋

〔註9〕《清史列傳》卷十三，《滿漢名臣傳》卷三十二《年羹堯列傳》同。

因所奏巧飾不寔，部議革任，得旨仍留任。

是年策妄阿喇布坦遣其黨策凌敦多卜襲西藏，戕拉藏汗，四川提督康泰出黃勝關偵禦，兵噪回，羹堯諭參將楊盡信撫其眾，密奏泰失兵心，難統領，請親赴松潘辦理軍務，上嘉其實心任事，遣都統法喇率兵赴川協剿。五十七年六月羹堯請令護軍統領溫普駐裏塘，自打箭爐至裏塘增設驛站，八月又請增駐防四川兵，允之。十月諭曰，年羹堯自軍興以來辦事明敏，又能度量西去追剿之兵運餉接濟，甚屬可嘉，巡撫祇理民事，無督兵責任，今軍機緊要，著授為四川總督，兼管巡撫事。五十八年三月羹堯奏賊情叵測，請自往備，廷議以松潘諸路軍務緊要，不便率兵出口，檄法喇進師，六月法喇率副將岳鍾琪撫定裏塘巴塘，羹堯亦遣知府遲維德招乍丫、察木多、察哇番目來歸，因請撤回法喇兵，從之。

五十九年二月詔平逆將軍宗室延信自青海往定西藏，授羹堯定西將軍，即自拉里會剿，並命以堪署總督之人具奏，羹堯疏言總督印務一時無可署理之人，請授護軍統領噶爾弼為將軍，而調法喇駐防打箭爐，上特從所請。時部臣議准雲貴總督蔣陳錫疏，言巴塘裏塘本滇省麗江土府屬地，仍歸土知府木興管轄，羹堯言進藏運糧要路，不宜隸滇，仍請歸四川便。五月又言成都駐防滿兵需米甚多，請令近省瀕水州縣應收折色者改本色運省充餉。七月又言州縣虧空錢糧知府扶同循隱，參革分賠，皆下部議行。

八月噶爾弼、延信先後抵西藏，策凌敦多卜敗遁，西藏平，羹堯遵旨酌議凱旋軍士入口路，令法喇回京。十一月遣兵剿撫裏塘所屬之上下牙色、上下雅足，巴塘所屬之桑阿壩、林卡石諸生番，悉降之。

六十年五月入覲，賜弓矢，授四川陝西總督。九月以青海郭羅克番肆掠，命羹堯等酌調滿兵及外藩蒙古兵會剿，羹堯奏言郭羅克有隘口三，悉險峻，宜步不宜騎，若調兵多，則賊得潛為備，不如以番攻番，臣素知雜谷諸土司土目亦病郭羅克肆惡，臣已移提臣岳鍾琪率赴松潘進剿，上是之，十二月鍾琪率土兵敗郭羅克伏卒千人，進克番寨四十餘，斬馘三百，擒其渠，餘眾悉降。

先是西藏既平，內大臣公策旺諾爾布奉命駐守，六十一年七月駐藏喇嘛楚爾齊木藏布、知府石如金以在藏官兵不睦訴，羹堯密奏策旺諾爾布委靡及副都統常齡、侍讀學士滿都、員外郎巴特瑪等任性滋事，請撤回駐藏兵，事下廷臣議，以羹堯聽信喇嘛及知府飾詞，擅請撤兵，應飭所司嚴議，上原之，特命滿都、巴特瑪、石如金、楚爾齊木藏布等來京，遣四川巡撫色爾圖、西安布政使

塔琳赴藏，助策旺諾爾布駐守。

　　是時陝西庫帑多虧，羹堯累疏參革守令嚴追充餉，西安巡撫噶什圖以虧項不能速完密奏，又與羹堯請加火耗，以完虧空，諭曰陝西錢糧所以虧缺最甚者，自用兵以來資助車馬糗糧衣服銀兩，府州縣無可設法，勢必挪用庫帑，及撤兵時亦然，即如自藏回京將弁沿途所得反多於正項，是以各官虧空動輒萬金，年羹堯欲追虧項以充兵餉，及追之不及又與噶什圖議加火耗以完虧空，此摺若批發，便謂奉旨加徵，若不批發，又謂此事已曾奏明，竟自私派，民間火耗只可議減，豈可加增，朕在位六十一年從未加徵民間火耗，今若聽其加派，必致與正項一例催徵，將肆無忌憚矣，著傳旨申飭。尋命發帑銀五千〔註10〕萬兩，解送陝西資餉。

　　十一月撫遠大將軍貝子允禵還京，命羹堯管理軍務，雍正元年三月議敘平定西藏時運糧及守隘功封三等公，世襲罔替，加太保。時詔撤駐藏官兵，羹堯條奏八事，一打箭爐外中渡河口為通藏要隘，請移駐守備，建城分防。一保縣在大河南，土番出入隘口，請撥千總防汛。一松潘口外各番惟阿樹部落最大，請給長官司職，以資鈐束。一建昌所屬越嶲衛多蠻猓，請改設遊擊，分兵防守。一大金川土舍莎羅奔隨征羊峒有功，請給安撫司銜，以分小金川之勢。一烏蒙蠻達目等兇暴不法，土舍祿鼎坤等請擒獻，俟至日給土職，分轄其地。一川省捐造滿兵營房之官民請予議敘。一軍營自備資斧效力之武進士舉人請酌補守備千總，部議從之。

　　八月青海羅卜藏丹津脅眾台吉叛，劫親王察罕丹津，侵掠青海諸部，十月羹堯自甘州率師至西寧，疏請進剿，特授撫遠大將軍，以前鋒統領素丹、提督岳鍾琪為參贊，敕授方略。羹堯奏調總兵周瑛截賊往藏後路，都統穆森駐吐魯番，副將軍阿喇衲駐噶斯，參將孫繼宗駐布隆吉爾。於是遣總兵楊盡信、黃喜林，副將王嵩，參將宋可進，遊擊元繼尹、馬成輔等先後敗賊鎮海堡、南川、西川、申中、北川、奇嘉等堡，馘俘甚眾，賊眾竄走，遂移察罕丹津及其屬人於蘭州。因奏進剿青海五事，一請選陝西甘肅四川大同榆林綠旗兵及外藩蒙古兵萬九千，令鍾琪等分領由西寧松潘甘州布隆吉爾四路進剿。一防守西寧永昌、布隆吉爾、巴塘裏塘黃勝關察木多諸邊口。一除歸化城張家口所買馬駝外，請太僕寺撥孳生馬三千，巴里坤選駝二千，赴軍備用。一貯備軍糧，即以臣在西安時預買米六萬石充運。一請以景山所製火器給軍，總理事務王大臣議如所請。十月敘平郭羅克功晉

二等公,十二月察罕丹津屬部各殺羅卜藏丹津守者來歸,羹堯宣布德威,安置西川口外。有堪布諾門汗者察罕丹津從子也,為塔兒寺喇嘛,叛從賊,糾眾拒戰,至是亦來歸,羹堯數其罪斬之。先是繼宗擊賊之犯布隆吉爾者,至是鍾琪率瓦斯、雜谷兵勦南川口外郭密、呈庫、活爾賈諸部,盡殲其眾。

二年正月上以羅卜藏丹津負國叛賊,斷不可宥,授鍾琪奮威將軍,命羹堯趣令討賊,時西寧東北郭隆寺喇嘛應賊,羹堯令鍾琪等襲斬六千餘,毀其寺。因分路進勦,敗賊伊克哈爾吉山,擒其酋阿喇布坦溫布,別遣涼莊道蔣洞等擒阿岡賊番,又敗賊石門寺。三月鍾琪等師至柴達木,羅卜藏丹津率二百餘人遁,追擊至烏蘭伯克,擒其母及賊酋吹喇克諾木齊等,盡收其人戶馬駝,青海平,敘功進羹堯爵一等公,再給一子爵,令其子斌襲,其父遐齡如羹堯爵,加太傅銜。

命議防邊事宜,羹堯以八事入奏,一策妄阿喇布坦恭順遣使請降,請撤回大兵,而選兵二千駐巴里坤,千五百駐吐魯番,二千駐哈密。一布隆吉爾築城,駐兵五千,轄以總兵,其新城請欽定嘉名,以垂永久,沙州、哈密亦各設兵防守。一駐布隆吉爾兵請即以甘涼肅三路所罷兵,給貲遣往。一布隆吉爾駐防兵內,請每營撥餘丁二百,給牛籽口糧,往屯赤金衛、柳溝所墾地,三年後計畝收糧充餉,免由內地轉輸。一請移靖逆衛同知駐布隆吉爾理民事,增設衛守備理屯糧,沙州亦設衛千總一,專司屯務,並歸肅州道管轄。一邊外既設駐防,肅州鎮衹於口內分守,應汰兵八百。一邊外嘗為蒙古牧場,今駐兵耕種,不應仍令遊牧滋事,應遣大臣率幹員往布隆吉爾迤南山中分地居之,務令地界明晰。一寧夏舊設總兵,應援哈密,道遠甚無益,寧夏邊外阿拉善去哈密近,宜滿兵駐防,詔如所請。

四月羹堯遣侍衛達鼐,副將紀成斌搜勦餘賊,至布哈色卜蘇,擒台吉阿布濟車陳,又遣副將岳超龍勦河州口外鐵布等寨番,殺賊二千餘,克寨四十一,餘悉降之。又以莊浪番賊竊據卓子山及棋子山,遣兵自西寧進勦,鍾琪率可進、成斌、洞等奪隘入,轉戰五十餘日,殲賊甚眾,遂移附賊喇嘛於別寺,毀其巢。於是頒條示禁約,又奏青海善後十三事,一青海諸部宜分別功罪,加賞罰。一青海部落,請於〔註11〕內札薩克編置佐領,申約束。一朝貢交易,宜立期定地,青海王貝勒台吉等分作三部,自備駝馬,由邊外赴京請安進貢,三年一次,其交易定於那拉薩拉地方,不得擅移。一居青海之喀爾喀宜弗隸青海,請編旗置佐

〔註11〕「於」應為「仿」之誤。

領，增設扎薩克，以分青海之勢。一凡陝省甘州涼州莊浪西寧河州，川屬松潘打箭爐裏塘巴塘，滇屬中甸之西番部人自明時不能撫治，或歸喇嘛耕種，或屬青海納租，今已歸化為民，請增設衛所撫治，酌減土司糧額以示寬大。一青海喀木藏衛乃唐古特四大部，顧實汗據有之，以青海地廣可遊牧，喀木人眾糧富，令其子孫分處二地，而以藏衛二部施予達賴班禪二喇嘛為香火地，今因青海叛，盡取其地，分隸川滇，而喇嘛遣人赴打箭爐貿易，仍索各部銀，名曰鞍租，至爐納稅，請禁喇嘛不得再收鞍租，稅員亦免收喇嘛之稅。一諸廟喇嘛多至數千，易藏奸宄，甚至通賊，聚兵抗大軍，請定例廟舍無過二百楹，眾無過三百人，仍取首領結狀，其番民納糧，令所在官吏經理給發。一黃河入邊，至河州西寧蘭州中衛寧夏榆林莊浪甘州，其間水草豐美，林麓茂密，自蒙古越據為牧廠，致與內地相通，請於西寧川北邊外創築邊牆，建城堡，則番邦仍為內地，又寧夏以阿拉善為險要，應令額駙郡王阿寶等飭屬悉歸山後遊牧。一大通河宜設總兵，鹽池宜設副將，河州保安堡宜設遊擊，則蒙古不敢覬覦。一打箭爐外木雅、吉達、巴塘、裏塘諸路，請增設將弁，以為川滇二省聲援。一陝西之富寧〔註12〕寧夏，四川之重慶川北諸鎮宜歸併裁汰。一請發直隸山西河南山東陝西五省軍罪當遣者，盡行發往大通河、布隆吉爾墾種。一諸般部落宜加意撫綏，請令奮威將軍岳鍾琪留兵四千暫駐西寧經理，並令招撫西番諸部。疏上，上諭總理事務王大臣等曰，自逆賊羅卜藏丹津背棄國恩，招集同惡，殘其骨肉，侵犯邊城，朕命年羹堯揆度機宜，指揮將士，犂庭掃漠，迅奏膚功，今具奏善後事宜，運籌措置，覽之喜悅，惟新闢邊疆宜廣屯種，而欲令五省有罪之人發往開墾，恐此輩未必習於耕種，又無家室，可以羈留邊塞，爾等其悉心妥議具奏。尋奏大通河駐兵六千，其子弟親戚及西寧民人俱願開墾屯種，惟布隆吉爾距邊遠，應令遣犯僉妻發往，官給籽種屯墾，三年後起科如例，餘悉如所奏行。

六月羹堯奏徙卓子山降番噶住等於土司魯華齡所約束。八月撫定雙蓬諸番，並剿撫貴德至松潘口外諸番部，因奏撤涼州甘州諸軍。又以甘肅河西各廳生聚繁庶，奏改寧夏西寧涼州甘州四廳為府，其所屬各衛，皆改為州縣。

十月羹堯入覲，賜雙眼孔雀翎、四團龍補服、黃帶、紫轡及金幣，十一月敘平卓子山等功加一等男世職，以羹堯第二子富襲。

時年氏家僕有桑成鼎者，自平西藏時隨軍，敘功累官至直隸守道，魏之耀亦敘功至署副將，羹堯恐人議己，奏稱成鼎係僕妻前夫之子，之耀為乳母子，

〔註12〕「富寧」應為「西寧」之誤。

力為辨白。又請發文武員弁數十人隨往軍營委用，特允所請，及抵西安，即劾罷驛道金南瑛等七人，而以請發之主事丁松請署糧道，上以題奏錯誤，傳旨切責。羹堯又嘗薦其私人西安布政使胡期恒、按察使王景灝可大用，並劾四川巡撫蔡珽威逼所屬知府蔣興仁至死，罷珽職，鞫治擬斬監候，景灝遂得擢任川撫。及羹堯之劾南瑛等也，期恒亦已擢甘肅巡撫，離西安任，尚以布政使銜順羹堯意作詳揭，上命期恒率所劾人員來京具奏。三年正月珽至京，刑部請監禁，特召珽入見，珽自陳平日抗羹堯及被誣陷狀，具奏其貪殘諸款，上特宥珽罪，擢左都御史，諭曰蔡珽係年羹堯參奏，若置之於法，人必謂朕聽年羹堯之言而殺之矣，朝廷威福之柄臣下得而操之有是理乎。三月期恒入京，奉旨胡期恒人甚卑鄙，奏對荒謬，豈特不勝巡撫，即道員亦屬有玷，下部議革職。上命更定打箭爐外增汰弁兵事宜，凡羹堯奏裁川陝諸鎮兵皆復，尋撤鹽池防兵。四月諭曰年羹堯曾妄舉胡期恒，妄劾金南瑛等，又遣官弁築城南坪，不惜番民，致驚惶滋事，反以降番復叛，巧飾具奏。又青海蒙古饑饉匿不上聞。年羹堯從前不至於此，或自恃己功故為怠玩，或誅戮太過，致此昏憒，豈可仍居總督之任，念其尚能操練兵丁，可補授杭州將軍。

嗣山西巡撫伊都立疏劾羹堯私占鹽窩，擅用正課諸款，都統原任西安巡撫范時捷亦劾羹堯借口捕治鹽梟，遣運使金啟勳等率兵夜圍郃陽民堡，致死多人，特命侍郎史貽直、高其佩赴山西察審。五月時捷復劾羹堯欺罔貪婪五事，並請治啟勳、期恒及桑成鼎、魏之耀罪，尋下吏部議處，議上，僅請罷任，不請革公爵，別以妄劾南瑛事議嚴處。諭曰此議甚屬悖謬，年羹堯所犯之罪甚多，雖即行正法亦不足蔽其辜，並不在此一事，朕交此事，即當就此事定議，乃前議既屬狥庇，今議覆爾過當，此必尚書隆科多有意擾亂，其下都察院議罪，隆科多坐是削太保銜，解部務，命吏部另議羹堯罪。諭九卿曰，朕御極之初隆科多、年羹堯皆寄以心膂，毫無猜防，所以作其公忠，期其報効，孰知朕視如一德，伊竟有二心，朕予以寵榮，伊幸為邀結，招權納賄，擅作威福，敢於欺罔，忍於背負，彼既視憲典為弁髦，朕豈能姑息養奸耶，至其門下趨附奔走之人，或由希其薦拔，畏其加害所致，急宜解散黨與，革面洗心，若仍舊情性，惟務隱匿巧詐，一經發覺定治以黨逆之罪，向日明珠、索額圖結黨行私，聖祖仁皇帝洞見其情，因解其要職，置之閒散，何嘗更加信用，隆科多、年羹堯若不知恐懼，痛改前非，欲如明珠等之故習則萬不能也，殊典不可再邀，覆轍不可屢陷，各宜警懼，無得自干誅滅。

　　羹堯行至儀征逗留不前，回奏又多狡飾，部臣請嚴鞫，並逮期恒、啟勳及桑成鼎、魏之耀等治罪，詔下期恒等於法司，革富等爵職，羹堯暫免逮問，命分案議罪，削太保銜。七月追恩賞四團龍補服、黃帶、雙眼翎、紫轡等物，及硃批摺奏並令繳入，革將軍職，授閑散章京，在杭州效力。內閣詹事九卿科道合詞奏言年羹堯受聖祖仁皇帝豢養深恩，又蒙皇上殊恩異數，不思公忠為國，貪婪成性，驕橫居心，顛倒官常，草菅民命，按其罪狀罄竹難書，幸聖恩不即加誅，今其回奏仍復怙惡不悛，更肆欺罔，請亟罷斥立正典刑，以為不法不忠者戒。得旨年羹堯為川陝總督，貪婪放縱，網利營私，本應即加治罪，因其青海之功尚欲委曲保全，罷其總督，授為杭州將軍，令其效力，以贖前愆，乃今事事敗露，不料欺罔悖逆之罪，至於此極，使更加寬宥，將來何以示懲，此所奏乃在廷公論，而國家賞罰大事必諮詢內外大臣，僉謀畫一，可令將軍督撫提鎮等各抒己見入奏。是月降公爵二等。八月以直隸總督李維鈞匿羹堯產革任。尋吏部議，盡革羹堯世職，是時川陝總督岳鍾琪、河南巡撫田文鏡、侍郎黃炳、鴻臚寺少卿單疇書、原任直隸巡撫趙之垣等，各舉發羹堯罪狀。侍郎史貽直、高其佩亦以讞辭奏，請依大不敬律斬決。

　　十月命逮羹堯來京嚴鞫，十一月將軍督撫提鎮次第入奏，請速加誅戮以彰國法，章下所司，十二月議政大臣三法司九卿等奏言年羹堯罪跡昭彰，彈章交至。其大逆之罪五，一與靜一道人、鄒魯等謀為不軌。一奏繳硃批諭旨，故匿原摺，詐稱毀破，仿寫進呈。一見浙人汪景祺《西征隨筆》詩詞譏訕，及所作功臣不可為論，語多狂悖，不行劾奏。一家藏鎖子甲二十八、箭鏃四千，又私貯鉛子，皆軍需禁物。一偽造圖讖妖言。其欺罔之罪九，一擅調兵捕部陽鹽梟，致死良民八百餘，奉旨查詢始奏並無傷損，後乃奏止傷六人。一南坪築城官弁騷擾番民不即劾奏。一詭劾都統武格等鎮海堡失律。一西安解任時私囑咸寧令朱炯賄奸民保留。一縱令劉以堂詐冒己故保題武功令趙勳名姓赴任，知而不奏。一將幕友張泰基等冒入軍功，共十八案。一家人魏之耀家產數十萬金，羹堯妄奏毫無受賄。一西寧效力者實止六十二員，冊報一百九員。一退役王治奇冒軍功得授州判。其僭越之罪十六，一出門黃土填道，官員補服淨街。一驗看武官用綠頭牌引見。一設坐當會府龍牌正坐。一穿用四衩衣服，鵝黃佩刀荷囊。一擅用黃袱。一官員饋送曰恭敬。一縱子穿四團龍補服。一與屬員物件令北面叩頭。一受總督李維鈞、巡撫范時捷跪道迎送。一令蒙古扎薩克郡王額駙阿寶下跪。一行文督撫書官書名。一進京沿途填道疊橋，市肆俱令閉戶。一館舍牆

壁彩畫四爪龍。一轅門鼓廳畫龍，吹樂人蟒服。一私造大將軍令箭，將頒發令箭毀壞。一賞賚動至千萬，提鎮叩頭謝恩。其狂悖之罪十三，一兩次恩詔到陝西不宣讀張掛。一奏摺不穿公服拜送，祗私室啟發。一不許同城巡撫放炮。一勒取蒙古貝勒七信〔註13〕之女為妾。一以侍衛前引後隨，執鞭墜鐙。一大將軍印不肯交出。一妄稱大將軍行事俱循俗例。一縱容家僕魏之耀等朝服蟒衣，與司道提鎮等官同坐。一違旨逗留儀征。一勒令川北總兵王永吉〔註14〕以老病乞休。一要結邪黨沈竹、戴鐸等懷欺惑眾。一袒庇私人馬德仁阻回甘撫石文焯參劾奏疏。一本內引朝乾夕惕，故作夕惕朝乾。其專擅之罪六，一築郙陽城堡不行題請，擅發銀兩。一委侍衛李峻等署理守備，奉旨飭駁仍不令行調回。一擅用私票行鹽。一諭停捐俸，仍令照舊公捐。一捕獲私鹽擅自銷案。一守備何天寵患病，不照例填注軍政，又囑直督李維鈞勒清苑令陸篆接受前任王允猷虧項。其忌刻之罪六，一凌虐現任職官，縱任私人奪缺。一軍前官兵支糧實冊不先咨晉撫諾岷，欲令遲誤致罪。一尚書綽奇至軍營商辦糧餉清字咨文，不交新任總督岳鍾琪，欲令違誤軍需。一捏參夔州知府程如絲販賣私鹽，殺傷人命。一欲令李維鈞為巡撫，計陷原任巡撫趙之垣。一遏抑中書阿炳安等軍功。其殘忍之罪四，一郙陽鹽梟案中，故勘良民無辜馮豬頭至死。一鎖禁筆帖式戴蘇。一劾金南瑛等七人，急欲出缺與私人。一不善安輯蒙古台吉濟克濟扎卜等，致困苦失所。其貪黷之罪十八，一收受題補官員銀四十餘萬兩。一勒索捐納人員銀二十四萬兩。一趙之垣罷職發往軍營，羹堯勒饋金珠等物價值二十餘萬兩。一受樂戶賣經榮銀兩。一收受宋師曾玉器及銀萬兩。一徧置私人私行鹽茶。一私占咸寧等鹽窩十八處。一收受鴻臚寺少卿葛繼孔古玩。一索屬員傅澤澐賄，不據實劾虧帑。一西安甘肅山西四川效力人員每員勒銀四千兩。一受參革知府欒廷芳賄，奏隨往陝省。一掠各番衣物為己有。一私徵新撫各番租銀。一擅取蒲州盤獲私鹽價銀一萬兩。一遣僕販買馬匹。一私販馬發各鎮勒重價。一遣莊浪縣典史朱尚文赴湖廣江浙販賣四川木植。一令人賣茶得銀九萬九千餘兩。其侵蝕之罪十五，一冒銷四川軍需入己。一冒銷西寧軍需入己。一冒銷軍前運米費入己。一侵用各員並俸工凡五年皆入己。一築布隆吉爾城冒銷工料入己。一隱匿夔關稅銀，又加派糧規入己。一盤獲私茶取罰賣銀入己。一侵用河東鹽政

〔註13〕本書第二部分年羹堯雍正朝漢文摺第一八三號有貝勒色布騰札勒將女送年羹堯為妾之奏，故此貝勒七信應即貝勒色布騰札勒。

〔註14〕《四川通志》卷三十二頁二十四川北鎮總兵王允吉。

盈餘入己。一西安米萬石未運至西寧，冒銷運費入己。一寧夏各衛貯倉穀及留西寧養馬銀並收入己。一侵用城工餘銀入己。買貯咸、長等八縣米浮銷價銀入己。一鈔沒塔兒寺硼砂、茜草諸物，私變價銀入己。一侵用紀廷韶等捐解銀入己。一斫桌子山木植入己，共計贓銀三百五十餘萬兩。罪凡九十二款，供狀明白，律應大辟，其父及兄弟子孫伯叔、伯叔父兄弟之子年十六以上皆斬，十五以下及母女妻妾姊妹並子之妻妾給功臣家為奴。

奏上恩予自裁，子富立斬，餘十五歲以上之子發極邊充軍，其父遐齡、兄廣東巡撫希堯革職免罪。於是就獄中傳諭羹堯曰，歷觀史書所載，不法之臣有之，然當未敗露之先，尚皆偽守臣節，如爾之公行不法，全無忌憚，古來曾有其人乎，朕待爾之恩如天高地厚，意以爾實心為國，故盡去嫌疑，一心任用，爾作威作福，植黨營私，辜恩負德，於心果忍為之乎。即如青海之事朕命於四月備兵，又命於八月進兵，爾故意遲延，及嚴加督催，然後進剿，孤軍冒險幾至失機。又如爾命阿喇衲之兵由噶斯前進，涉險惡必不可行之路，豈非欲陷阿喇衲乎。又如爾令富寧安將駱駝三千從巴里坤送至布隆吉爾，為無用之需，豈非設計欲陷富寧安乎。又如調岳鍾琪之兵至西安，爾令舍近就遠，紆道數千里，欲使蔡珽運糧不濟，豈非欲巧陷蔡珽乎。此皆軍務大事，而爾視為兒戲，借快私忿，尚得謂之有人心者乎。又如爾所奏善後十三事，於不應造城處議造城，不應屯兵處議屯兵，籌畫邊機如此草率，是誠何心。青海用兵以來爾殘殺無辜，顛倒軍政，朕尚未令入於廷讞，即就所議九十二款，爾應服極刑及立斬者三十餘條，朕覽之不禁墮淚，朕統御萬方必賞罰公明，方足為治，爾悖逆不臣至此，若枉法曲宥，曷以彰憲典而服人心，今寬爾磔死，令爾自裁，又赦爾父兄子孫伯叔等死罪，爾非草木，雖死亦當感涕也。羹堯既死，其黨次第伏法。

五年諭曰，向因年羹堯狂悖妄亂，結黨肆行，法難寬宥，不得已將伊治罪，又恐黨援固結，別生事端，故令諸子徙居邊地，今年羹堯正法後，平日同黨之人皆悔過解散，無一人比附之者，而當日平定青海年羹堯亦著有功績，可將伊子俱赦回，交與年遐齡管束，以示格外恩全至意。

清史館年羹堯傳〔註15〕

年羹堯，字亮工，漢軍鑲黃旗人。父遐齡，由筆帖式授兵部主事，累遷工

〔註15〕《年羹堯奏摺專輯》頁一一二九。

部左侍郎，康熙三十一年授湖廣巡撫，四十年奏參黃梅知縣李錦虧空革職，縣民集萬人留錦不聽去，帝命總督郭琇審奏，琇言錦清廉，虧空在民欠，且已徵完，請留錦任，帝以為百姓聚眾留官，風不可長，戍生員吳士光奉天，令錦來京，於直隸附近補用，琇與遐齡俱降一級留任，四十三年以病乞休。

羹堯，康熙三十九年進士，授檢討，歷充四川廣東鄉試正考官，遷內閣學士，四十八年擢四川巡撫，逾年幹偉生番羅都等掠甯番衛，戍遊擊周玉麟，上命羹堯偕提督岳昇龍往剿，羹堯行至平番衛，聞昇龍已先擒羅都，乃還，川陝總督音泰劾之，部議革職，帝命留任，五十六年越巂衛屬番與普雄土千戶那交等叛，羹堯遣游擊張玉討平之。

直隸巡撫趙宏燮訪獲鑲藍旗逃人孟光祖，徧歷各省，請託賕利，疏聞，刑部訊得光祖至四川，詐稱誠親王允祉使致餽遺，羹堯受之，餽以銀馬，且令給傳送，部議革任，帝仍令留焉。

是年策妄阿喇布坦遣其黨策凌敦多卜襲西藏，戍拉藏汗，提督康泰率兵出黃勝關，噪而潰，羹堯遣將撫其眾，因奏泰失兵心，不可用，請自赴松潘協理軍務，帝嘉之，遣都統法喇率軍至川協剿。五十七年羹堯請以護軍統領溫普駐裏塘，自打箭爐至裏塘增設驛站，又請增駐防兵，皆允之。帝既嘉羹堯明敏，軍務方興，巡撫無督兵責，特授四川總督，兼管巡撫事。

五十八年春羹堯請自赴藏，廷議以松潘亦重要地，仍檄法喇進軍，夏法喇率副將岳鍾琪撫定裏塘巴塘，羹堯亦遣知府遲維德招降乍丫、察木多、察哇諸番目，因請撤法喇軍回，從之。

五十九春詔平逆將軍宗室延信自青海往定西藏，授羹堯定西將軍印，自拉里會之，並命自奏堪署總督之人，羹堯言無可者，請授護軍統領噶爾弼將軍，調法喇駐防打箭爐，帝特從之。巴塘、裏塘者本雲南麗江土府屬地，時雲貴總督蔣陳錫請仍歸滇，部議允矣，羹堯言二地乃入藏運糧要路，宜屬四川。又言成都防兵需米多，請近省州縣瀕水者改折色為本色，運省充餉。又言州縣虧空錢糧，知府隱匿，事發分賠，皆下部議行。是年八月噶爾弼、延信軍抵西藏，策凌敦多卜敗遁，西藏平，令法喇回京，羹堯籌諸軍歸路，遣將撫裏塘巴塘所屬生番，悉降之。

六十年夏入覲，賜弓矢，授四川陝西總督。青海郭羅克番肆掠，帝命羹堯酌調滿蒙兵會剿，羹堯奏郭羅克有隘口三，悉險峻，不利馬，若調兵多則賊得

潛備，不如以番攻番，臣知雜谷諸生〔註16〕司素病郭羅克，已移提臣岳鍾琪令赴松潘進剿，帝是之，十二月鍾琪克番寨四十餘，禽其渠，餘眾降。

是時陝西州縣虧空多，庫帑空虛，羹堯疏參守令嚴追，西安巡撫噶什圖以虧空不能速完入告，與羹堯請加火耗，上諭曰，陝西自用兵以來，資助車馬糗糧衣服，府州縣無所從出，勢必借庫帑，如自藏回京將弁，沿途所得多於正餉，是以虧空動至巨萬，羹堯始欲嚴追以充兵餉，既不可得，又與噶什圖議加火耗，朕在位六十一年從未徵此，今若允行，必與正供一例催徵，將肆無忌憚，傳旨申飭，命發帑銀五十萬兩資陝西餉。

雍正元年敘與平西藏功，封三等公，世襲罔替，加太保，時詔撤駐藏官兵，羹堯條奏八事，部議從之。青海羅卜藏丹津脅眾台吉叛，劫親王察罕丹津，侵掠諸部，帝授羹堯撫遠大將軍，前鋒統領素丹、提督岳鍾琪為參贊，羹堯奏調總兵周瑛截賊入藏路，都統穆森駐吐魯番，副將軍阿喇納駐噶斯，參將孫繼宗駐布隆吉爾。乃遣總兵楊盡信、黃喜林、副將王嵩，參將宋可進，遊擊元繼尹〔註17〕、馬成輔等先後敗賊鎮海堡、南川、西川、申中堡、北川、奇嘉寺〔註18〕，賊竄走，移察罕丹津及其屬於蘭州。因奏五事，一請選陝西甘肅四川大同榆林綠旗兵及外藩蒙古兵萬九千，分隸岳鍾琪等，由西寧松潘甘州布隆吉爾四路進，一防守西寧永昌布隆吉爾巴塘裏塘、黃勝關、察木多諸邊口，一除歸化城張家口所買馱馬外，請太僕寺撥滋子生馬三千，巴里坤選馱二千，赴軍備用，一貯備軍糧，即以西安豫購米六萬石充運，一請景山所製火器給軍，皆議如所請。十二月察罕丹津屬部各殺羅卜藏丹津守者來歸。堪布諾門汗者察罕丹津從子也，為塔兒寺喇嘛，始叛從賊，至是亦來歸，羹堯斬之。賊犯布隆吉爾，繼宗敗之，鍾琪盡殲南川口外郭密呈庫、和爾嘉諸部眾。

二年春帝授鍾琪奮威將軍，命羹堯趣令討賊，鍾琪等連破賊禽酋，進至柴達木，羅卜藏丹津遁，追至烏蘭伯克，禽其母及酋吹喇克木納齊等，青海平。先以敘平郭羅克功進二等公，至是進一等，再給子爵，令子斌襲封，父遐齡如羹堯爵，加太傅銜。命議邊防，羹堯奏八事，言撤軍分屯駐守，游牧設官移治等，詔如所請。夏遣侍衛達鼐副將紀成斌搜餘賊，至布哈色卜蘇擒台吉阿布濟車陳。遣副將岳超龍剿河州口外鐵布等寨番，克寨四十一，餘降。莊浪番賊據

〔註16〕「生」為「土」之誤。
〔註17〕《甘肅通志》卷二十九頁六十二作西寧鎮標中營遊擊袁繼蔭。
〔註18〕常寫作祁家寺，位於今青海省大通縣青山鄉。

卓子碁子二山，遣鍾琪率可進成斌泂等奪隘入，轉戰五十餘日殲之。

於是羹堯奏善後十三事，青海諸部分別功罪賞罰一。青海諸部落如內札薩克編置佐領，申約束二。青海王貝勒台吉等分三班，三年一朝貢，其交易定於那拉薩拉，毋擅移三。居青海之喀爾喀編置佐領，增設札薩克，不隸青海四。陝屬甘州涼州莊浪西甯河州，川屬松潘打箭爐裏塘巴塘，滇屬中甸之西番部人，自明不能撫，或歸喇嘛，或屬青海，今請增設衛所撫治，酌減土司糧額五。青海喀木藏衛乃唐古特四大部，顧實汗據之，以青海便游牧，喀木人眾糧富，貽子孫，施藏衛於達賴班禪二喇嘛，為香火地，今因青海叛，盡取其地，分隸川滇，而喇嘛遣人至打箭爐貿易，仍索各部銀，名曰鞍租，但納稅於爐，請禁喇嘛不得收租，亦免其稅六。諸廟喇嘛多至數千，易藏奸為變亂，請定制，舍無過二百楹，人無過三百，番民納廟糧，所在官吏為經理給發七。黃河入邊，至河州西甯蘭州中衛甯夏榆林莊浪甘州，其間水草豐美，林麓茂密，自蒙古據為牧廠，因與內地通，請於西甯北川邊外築邊墻，建城堡，則番部仍為內地，甯夏以阿拉善為險要，應令額駙郡王阿寶等飭屬悉歸山後遊牧八。大通河設總兵，鹽池設副將，河州保安堡設游擊，絕蒙古覬覦九。打箭爐外木雅、吉達、巴塘、裏塘諸路設將弁，為川滇聲援十。陝西之西甯甯夏，四川之重慶川北諸鎮宜歸併裁汰十一。請發直隸山西河南山東陝西軍罪當遣者往大通河、布隆吉爾墾種十二。令鍾琪留兵四千駐西甯，經理撫綏番部十三。疏上，王大臣議大通河駐兵六千，屯墾布隆吉爾距邊遠，應令遣犯偕妻往，官給仔種，餘悉如奏行。

六月徙桌子山降番於土司魯華齡所，八月撫定雙蓬諸番，勸撫貴德至松潘口外諸番，因奏撤涼州甘州諸軍，改甯夏西甯涼州甘州四廳為府，所屬衛皆改州縣。

十月羹堯入覲，賜雙眼花翎、四團龍補服、黃帶、紫轡及金幣，十一月敘平桌子山等功，加一等男世職，以子富襲。羹堯擁重兵，居邊久，既屢立大功，頗驕恣，奢僭逾制，嘗受總督李維鈞，巡撫范時捷，蒙古扎薩克郡王額駙阿寶跪拜，勒娶蒙古貝勒七信之女為妾。及入覲，行絕馳道，王大臣郊迎，羹堯不為禮。家僕桑成鼎自平西藏時隨軍，敘功累官至守道，魏之耀亦署副將。將行，請發文武員弁數十人自隨，抵西安即劾罷驛道金南瑛等七人，而以請發主事丁松奏署糧道，帝傳旨切責之。先是羹堯嘗薦西安布政使胡期恆，按察使王景灝可大用。劾四川巡撫蔡珽罷職鞫治，擬斬監候，景灝隨擢繼珽任，至是期恆擢甘肅巡撫，已離西安，猶用布政使銜詳揭，阿羹堯意，帝命期恆率所劾人來京。

三年正月斑至，帝特召見，自陳抗羹堯被誣陷，且及羹堯貪殘狀，帝擢斑左都御史。胡期恆至，奏對不稱旨，下部議革職。乃命更定打箭爐外增汰弁兵事宜，凡羹堯奏裁川陝諸鎮兵皆復，尋撤鹽池防兵。四月謫授羹堯杭州將軍，山西巡撫伊都立劾羹堯私占鹽窩，擅用正課，都統原任西安巡撫范時捷亦劾羹堯藉捕鹽梟遣兵夜圍郃陽民堡，致多人死，帝命侍郎史貽直高其佩赴山西察審。時捷復劾羹堯欺罔貪婪五事，並請治啟勳、期恆及桑成鼎、魏之耀罪，下吏部議，議上不稱旨，尚書隆科多坐削太保銜，解部務，命別議，且令羹堯回奏。羹堯行至儀徵不前，奏辭狡飾，帝下期恆等獄，革年富職，削羹堯太保銜，追奪恩賜服物，命繳硃批摺奏，革將軍職，以閒散章京赴杭州効力。於是內閣九卿詹事科道合詞奏，羹堯受聖祖及皇上殊恩，不思公忠為國，貪婪驕橫，顛倒官常，草菅民命，不即加誅，令其回奏，仍復怙惡不悛，請立正典刑，以為世戒。帝令將軍督撫提鎮各抒己見入奏，降羹堯公爵二等，直隸總督李維鈞坐匿羹堯產革任。於是川陝總督岳鍾琪，河南巡撫田文鏡，侍郎黃炳，鴻臚寺少卿單疇書，原任直隸巡撫趙之垣各發羹堯罪狀。史貽直高其佩亦奏讞辭，請以大不敬斬立決。遂逮羹堯嚴鞫，將軍督撫提鎮章次第至，皆以速誅請。十二月議政大臣三法司九卿等奏，羹堯大逆之罪五，欺罔之罪九，僭越之罪十六，狂悖之罪十三，專擅之罪六，忌刻之罪六，殘忍之罪四，貪黷之罪十八，侵蝕之罪十五，凡九十二款，律應大辟，父兄弟子孫伯叔之子兄弟之子年十六以上皆斬，十五以下及母女妻妾姊妹子之妻妾給功臣家為奴。奏上帝令自裁，子富立斬，餘十五歲以上之子發極邊，父遐齡、兄廣東巡撫希堯革職免罪。就獄中傳諭羹堯以曲宥之恩意。

羹堯既死二年，帝降諭曰，向因羹堯狂悖妄亂，結黨肆行，法難寬宥，又恐黨援固結，別生事端，故徙諸子邊地，今羹堯正法後，平時同黨悔過解散，當日平定青海羹堯亦著有功績，可赦回其子，交遐齡管束。遐齡旋卒，特還原職，賜祭一次。希堯以筆帖式授雲南景東府同知，累遷安徽巡撫，緣事革職，旋起廣東巡撫，擢工部右侍郎，坐羹堯獲罪，復起內務府總管，出管理淮關稅務，為江蘇巡撫高其倬所劾削職，歸卒。

《清代名人傳略》年羹堯傳〔註19〕

年羹堯，字亮功，號雙峰，卒於一七二六年一月十三日〔註20〕，隸漢軍鑲

〔註19〕《清代名人傳略》上冊頁七四一。
〔註20〕即雍正三年十二月十一日。

黃旗，其父年遐齡（一六四三〔註21〕～一七二七年〔註22〕），自一六九二年〔註23〕至一七〇四年〔註24〕任湖廣（今湖北湖南）巡撫，後即致仕。年羹堯一七〇〇年〔註25〕成進士，選翰林院庶吉士，一七〇九年〔註26〕三月授內閣學士，約於此時年羹堯家族所隸屬之佐領撥歸胤禎（見該條）差遣，胤禎聖祖皇帝之第四子，新封為雍親王（在清代每一皇子都配有一支佐領作為他名義上的僕從），約與此同時年的一位姊妹選為胤禎的妃子。

一七〇〇年〔註27〕十月年羹堯授四川巡撫，由於他才能幹練，遂漸得到皇帝的賞識，他在四川任職的十六年期間曾數次平定川西土著叛亂，當厄魯特策旺阿拉布坦琿台吉（見該條）派兵侵入西藏，于一七一七年〔註28〕順利攻佔拉薩時年羹堯立即增援派往收復西藏的清軍，一七一八年〔註29〕年擢陞四川總督，因而年有權指揮軍務。

當時聖祖皇帝之寵子胤禵（見該條），授撫遠大將軍，正統率大軍在甘肅征討策旺阿拉布坦，此項任命被認為是聖祖皇帝有意給胤禵立功建業之機會，以提高他在諸兄弟間的地位，這樣一來對那些熱衷於嗣位之爭的皇子們乃是一次沉重的打擊，其中也有胤禎，年羹堯當時似乎曾背叛過他的主子胤禎，胤禎為此曾在一封書信裡對年嚴加申斥，年是否完全倒向胤禵一邊並無實際根據，然而胤禵一七二〇年〔註30〕收復西藏之勝利，並在拉薩復立六世達賴喇嘛〔註31〕（見延信條），無疑增加了立胤禵為嗣的可能性，而受封定西將軍〔註32〕之年羹堯，則曾積極協助胤禵取得西藏戰爭之勝利。一七二一年〔註33〕六月

〔註21〕崇德七年。
〔註22〕雍正五年。
〔註23〕康熙三十一年。
〔註24〕康熙四十三年。
〔註25〕康熙三十九年。
〔註26〕康熙四十八年。
〔註27〕原文如此，誤，應為一七一〇年，即康熙四十九年。
〔註28〕康熙五十六年。
〔註29〕康熙五十七年。
〔註30〕康熙五十九年。
〔註31〕即七世達賴喇嘛，清廷初封其為弘法覺眾第六輩達賴喇嘛，後默認為第七世。《欽定西域同文志》卷二十三頁二載，羅卜藏噶勒藏佳木磋，蒼揚佳木磋之呼畢勒汗，出於里塘，至衛座布達拉、布賴貢、色拉寺床，賜冊印為第六世達賴喇嘛。
〔註32〕此說不確，清聖祖有意命年羹堯為定西將軍，後清聖祖命噶爾弼為定西將軍率軍入藏，年羹堯實未任定西將軍。
〔註33〕康熙六十年。

年邁的聖祖皇帝在熱河行宮召見年羹堯，並擢陞年為川陝總督，派年前往陝西，其用意或許即在於輔助胤禵，以使該皇子更有可能繼承皇位。

一七二二年〔註34〕十二月聖祖皇帝晏駕，胤禛（世宗皇帝）在隆科多（見該條）武力支持下登上皇位，當即召回胤禵，並嚴加監視，他在甘肅所任統率職務移交於延信（見該條），胤禛的對手都已無可奈何，年羹堯或許已經察覺他的處境陷於進退兩難，因而再三奏請新皇帝准他進京陛見，一七二三年〔註35〕初獲准，世宗皇帝鑒於暫時還需要年去維持邊陲安寧，以便鞏固其尚未穩定之地位，因此世宗皇帝似乎給以信任，以鼓勵年為他效力，但事實上不過授年一較低世襲爵位，外加太保銜而已，另任命他哥哥年希堯（字允恭，卒於一七三八年〔註36〕）為廣東巡撫，數月後由於年配合作戰將厄魯特部趕出西藏，年因而晉封世襲三等公。皇帝常有密詔寄年，有時竟有奉承之詞，而年本人之奏疏則大部皆為專摺，有時甚至出乎意料地不拘禮儀，此外皇帝並試圖增進年與隆科多間之交誼，甚至曾下詔令將年的一個兒子年熙（卒於一七二四年〔註37〕）給隆作為養子。

一七二三年〔註38〕年羹堯繼延信統率大軍，馳赴青海平定由羅卜藏丹津所發動之和碩特部叛亂，該部在顧實汗（見噶爾丹條）統治下自一六三七年〔註39〕以來即臣屬於清朝，但顧實汗之孫羅卜藏丹津頗具野心，在與策旺阿拉布坦結為聯盟後，即率和碩特一部發動叛亂，年在勇將岳鍾琪（見該條）協助下連戰皆捷，僅數月即平定叛亂，由於這次叛亂許多喇嘛遭到殺害，寺院廟宇等亦破壞無存，羅卜藏丹津逃往厄魯特部避難，直至一七五五年〔註40〕始就擒解送北京。此役所俘獲之其他叛亂首領也解往北京，按照傳統習慣向皇帝獻俘後處死，為此年晉封一等公，並加世襲子爵，由年之長子年斌承襲，其父年遐齡亦賜一等公爵。此時由於策旺阿拉布坦求和，於是厄魯特部之亂暫告平息，除留部分兵力衛戍吐魯番、哈密等邊城，以及由西寧通往各該城之道路外，清軍撤回甘肅（見富寧安條）。年上萬言疏，陳述有關安撫蒙古及青海土著之方略，並提出移民開墾該地區之計畫，從此青海即劃入清帝國之版圖。

〔註34〕康熙六十一年。
〔註35〕雍正元年。
〔註36〕乾隆三年。
〔註37〕雍正二年。
〔註38〕雍正元年。
〔註39〕崇德元年。
〔註40〕乾隆二十年。

一七二四年〔註41〕末年羹堯進京朝見聖上，所獲恩賜比擬宗室親王，另外由於年參與平定甘肅平番西部土著之叛亂有功，加賜男爵，由年之次子年富承襲，年此時權勢顯赫無以復加，每當其來京之際王公大臣大多趨赴城郊迎候，然而年當時自認已位極人臣，躊躇滿志，據載年對前來迎候者之敬意，甚至對王公等亦僅淡然報之，年此等舉止已引人嫉恨，不久有關年之流言蜚語傳到皇帝耳邊，皇帝或許就在此時已決意將年除掉，年本人並未察覺他已失寵於皇帝，因他一七二五年〔註42〕一月返回西安時，且曾上疏，矢言忠於皇帝感謝君恩，並懇請皇帝寬大仁慈，但皇帝之批文僅為冷淡之警告，並暗示年身為大臣應以謹慎為忠君之務，無論何時都應謹防彈劾。即於此時有人揭露年曾與皇帝之主要對手胤禩（見該條）有密信往來，當任命圖理琛（見該條）為陝西布政使時（一七二五年）皇帝即詔諭年羹堯，圖理琛的使命之一即為搜集弊政之實例，年一再上疏他已深感悔恨，願聽忠告，但他接到的御批只是斥責譏諷與恐嚇。

年上疏懇請致仕但未獲恩准，五月底年調杭州將軍，年所率大軍由岳鍾琪接掌，在此期間許多大臣，以前可能都是年的莫逆之交用種種罪狀彈劾年，以期彼等免受牽連，由於年不斷受到彈劾，年的官階不數月連遭貶謫，最後充其量僅為一普通旗人，十一月押解來京，年在最後幾次上疏中一度表明他貪生怕死，他曾乞求皇帝說他尚未年邁，仍能為皇帝再效犬馬之勞，但皇帝已向他表明對他決不寬恕。一七二六年初他的罪狀歸結為九十二款，其中有家中私藏武器，縱容奴僕接受賄賂，強佔蒙古王公之女為妾，命令大臣對他跪拜，違法販賣樹木、茶葉及馬匹，接受賄賂並盜用公款總額高達三百五十萬兩白銀，其他所謂罪狀大部皆屬微不足道，甚至純屬無辜，如在一次上疏中不慎將詞語倒置，據此九十二款罪狀年被判處死刑，但皇帝恩賜令其自裁，其子年富問斬，其他各子均充軍，但其父及其兄均得倖免於死，一七二七年〔註43〕他死後第二年，年充軍在外之子均准予回京，但不准參加科舉考試，亦不得服官。

年羹堯一案按照世宗皇帝之意圖記入史冊，年羹堯以軍功超拔，以九十二款罪狀獲罪，但據孟森教授（見趙一清條）研究，年案與胤禛繼承皇位問題有

〔註41〕雍正二年。
〔註42〕雍正三年。
〔註43〕雍正五年。

密切關係，胤禛在與其兄弟經過長期角逐後以不光彩之手段登上皇位（見胤禛條）。當時在北京隆科多及其步軍迫使與胤禛為敵的幾位兄弟束手無策，但胤禵在陝甘之大軍卻是一個嚴重的威脅，年當時身為總督影響巨大，因此皇帝在某一時期內自應對年另眼相待，而這對皇帝有利，但當年羹堯不再有用時，年所知有關皇帝如何登極之真情，即成為皇帝最為擔憂的心事，同時世宗皇帝也懼怕他自己以篡位之名載入史冊，這種懼怕使他猜忌多疑，冷酷無情，值得注意的是胤禛之另一親信隆科多當時亦受迫害，也以相類似之罪名下獄。

汪景琪（見該條）是捲入年案者之一，他在一封書信中對年曾有阿諛之詞，並抨擊朝廷及大臣，在一本雜記中汪有一篇文章，文中明顯告誡年羹堯，他在軍事上的成就，在以後將會引起皇帝之猜忌，汪即因此被處死（一七二六年），而年所犯九十二款罪狀之一，即未上疏奏呈此類具有謀逆內容之文字。

另一文人錢名世（亮工，綑庵），江蘇武進人，一七〇三年〔註44〕探花，曾有詩稱頌年羹堯，把一七二〇年收復西藏完全歸功於年，皇帝沒有將錢處死，但卻侮辱其人格，皇帝把錢遣送回鄉，並賜他一塊匾額，上書名教罪人，意即孔子學說之叛徒，懸掛在他家大門之上。皇帝並詔令所有在京進士出身之官吏每人寫詩一首，嘲諷並譴責錢名世，此等詩作彙集成卷，題名《名教罪人》，近由故宮博物院出版。普照，公爵，乃努爾哈赤（見該條）之玄孫，阿濟格（見該條）之曾孫，亦即胤禛之四服堂兄弟，他是年羹堯妻之叔父，雖然他已於一七二四年逝世，但第二年由於與年有間接關係，將其爵位削奪。另應提及者，胤禟為爭取年羹堯投效胤禵，曾派人前往年處，此人即葡萄牙傳教士穆敬遠（見胤禟條），一七二六年死於甘肅，皇帝還曾派遣幾名官吏，表面上在年屬下任職，實際上都是皇帝派來的密探，他們中有些已倒向年一邊，後均受到審訊和監禁。

有三部關於軍事戰略方面之著述，據稱係年羹堯所著，《年將軍兵法》、《治平勝算之書》及《經邦軌轍》，但此三書顯然出自他人之手，偽稱年作。

雖然年希堯被革去工部右侍郎職（一七二六年初），但同年授內務府總管。其後（一七二六～一七三五年〔註45〕）他又出任江蘇淮安海關監督，因貪污受賄被彈劾革職，他是一位出色的畫家，而且在算學方面有所論著，他攻研算學，或許受了天主教傳教士之影響，他對三角學有特殊興趣，他寫了三部關於三角

〔註44〕康熙四十二年。
〔註45〕雍正十三年。

的書，總稱《測算刀圭》，一七一八年〔註46〕刊行。另外還有兩部關於算學之書，據稱也出自其手。他從傳教士處還學會投影法及透視法，他為此寫有一篇專論，名《視學》，一七二九年〔註47〕刊行，一七三五年又刊出增補修訂本。在初版序言中年希堯自稱，他從郎世寧（見兆惠條）處學會西方繪畫之透視學，並說他寫此專著，專供畫家參考之用。在修訂版中他又增添許多圖解，以說明透視法原理，並對郎世寧之盛情回表謝忱。

　　年羹堯〔註48〕任淮安海關監督期間曾主管瓷器製造業，在他指導下生產的精美陶瓷製品後稱年窯。

〔註46〕康熙五十七年。
〔註47〕雍正七年。
〔註48〕原文如此，應為年希堯。

附錄七　《年羹堯滿漢奏摺譯編》《雍正朝滿文硃批奏摺全譯》滿文摺序號對應表

下表以《一》代指《年羹堯滿漢奏摺譯編》，《二》代指《雍正朝滿文硃批奏摺全譯》，《三》代指本書。

《一》滿文序號	《一》奏摺名	《一》時間	《二》序號	《三》滿文序號
1.	奏請由西藏撤軍設驛站摺	雍正元年正月二日	1	1
2.	奏報攻剿松潘邊外生番摺	雍正元年二月二十五日	77	2
3.	奏聞準備官兵摺	雍正元年五月八日	229	8
4.	奏聞駐打箭爐喇嘛消息事	雍正元年五月十一日	240	11
5.	奏聞動用庫銀事宜摺	雍正元年五月二十四日	290	12
6.	奏聞西藏情形摺	雍正元年五月二十四日	291	13
7.	奏聞額爾德尼求援摺	雍正元年六月六日	316	16
8.	奏聞自柴達木撤兵形摺	雍正元年七月二日	387	19

9.	奏報西安官員缺額兵數摺	雍正元年七月十二日	429	20
10.	奏聞動用蘭州庫銀緣由摺	雍正元年七月十五日	435	21
11.	奏請准達鼐協辦邊務摺	雍正元年八月二十二日	573	22
12.	奏報羅卜藏丹津渡黃河摺	雍正元年九月十八日	657	25
13.	奏聞侍衛達鼐報告摺	雍正元年十月三日	736	27
14.	奏聞啟程抵達西寧摺	雍正元年十月七日	751	28
15.	奏聞侍郎常壽啟程摺	雍正元年十月七日	752	29
16.	奏聞羅卜藏丹津等回文摺	雍正元年十月十日	762	30
17.	奏聞給達賴喇嘛送印冊摺	雍正元年十月十日	763	31
18.	奏調西安兵至西寧等地摺	雍正元年十月十六日	786	32
19.	奏賞阿旺札布敕書印信摺	雍正元年十月十六日	787	33
20.	奏聞遣總兵官周瑛至藏摺	雍正元年十月二十日	806	34
21.	奏聞羅卜藏丹津入南川摺	雍正元年十月二十二日	815	35
22.	奏聞攻剿西川附近賊摺	雍正元年十月二十七日	822 日期作雍正元年十月二十四日	36
23.	奏請補充筆帖式摺	雍正元年十月二十七日	832	37
24.	奏聞剿滅莊浪番子摺	雍正元年十一月一日	837	38
25.	奏聞留察哈爾兵一百摺	雍正元年十一月一日	838	39

26.	奏聞剿北川新城賊匪摺	雍正元年十一月一日	839	40
27.	奏聞保舉副都統摺	雍正元年十一月一日	840	41
28.	奏聞常壽赴羅卜藏丹津處摺	雍正元年十一月七日	869	42
29.	奏聞索諾木達什來歸摺	雍正元年十一月七日	871	43
30.	奏聞王景瀕呈報摺	雍正元年十一月七日	872	44
31.	奏聞攻剿上北塔下北塔賊摺	雍正元年十一月十一日	890	45
32.	奏請調派兵馬籌辦糧食摺	雍正元年十一月十一日	891	46
33.	奏聞察罕丹津抵蘭州摺	雍正元年十一月十一日	892	47
34.	奏聞剿賊諸事摺	雍正元年十一月十四日	900	48
35.	奏聞備辦軍糧馬料摺	雍正元年十一月十四日	901	49
36.	奏請查辦河東鹽政摺	雍正元年十一月十四日	902	50
37.	奏聞剿滅叛逆情形摺	雍正元年十一月十七日	913	51
38.	奏聞布隆吉爾軍情摺	雍正元年十一月十七日	914	52
39.	奏聞派專人掌管錢糧摺	雍正元年十一月十七日	915	53
40.	奏聞餵養所調兵丁之馬匹摺	雍正元年十一月十七日	916	54
41.	奏聞餵養馬匹摺	雍正元年十一月十七日	917	55
42.	奏請嚴禁賣火藥給厄魯特摺	雍正元年十一月二十日	933	56
43.	請補授總兵官及遊擊摺	雍正元年十一月二十日	934	58

44.	奏聞塞布騰扎爾事摺	雍正元年十一月二十八日	963	59
45.	奏叩謝晉封大將軍摺	雍正元年十一月二十八日	964	60
46.	奏聞酌撥庫銀以供官兵糧草摺	雍正元年十二月七日	998	61
47.	奏請補授馬忠孝遊擊摺	雍正元年十二月七日	1000	62
48.	奏聞塞布騰扎爾事摺	雍正元年十二月八日	1001	63
49.	奏聞明年三路進軍摺	雍正元年十二月十三日	1016	64
50.	奏請彈劾同知楊俊傑摺	雍正元年十二月十三日	1018	65
51.	奏聞巴特瑪達什等逃回摺	雍正元年十二月十三日	1019	66
52.	奏聞羅卜藏丹津同黨來降摺	雍正元年十二月十三日	1020	67
53.	奏聞布隆吉爾敗賊摺	雍正元年十二月十六日	1023	68
54.	奏聞賊襲擊嘉峪關摺	雍正元年十二月十六日	1024	69
55.	奏聞索諾木達什謝恩摺	雍正元年十二月十六日	1025	70
56.	奏聞餵養布隆吉爾軍馬摺	雍正元年十二月十六日	1026	71
57.	奏聞剿歸德堡賊摺	雍正元年十二月十九日	1037	72
58.	奏聞侍郎常壽回來摺	雍正元年十二月二十一日	1049	73
59.	奏聞多爾濟盡忠摺	雍正元年十二月二十一日	1050	74
60.	奏聞剿滅西寧地區番盜摺	雍正元年十二月二十八日	1056	75
61.	奏聞征剿郭密九部摺	雍正元年十二月二十八日	1057	76

62.	奏叩謝聖恩摺	雍正元年十二月二十八日	1058	77
63.	奏聞賞給兵丁錢糧摺	雍正元年十二月二十八日	1060	78
64.	奏聞撥口糧予川軍摺	雍正元年十二月二十八日	1061	79
65.	奏聞布隆吉爾剿賊摺	雍正二年正月二日	1081	80
66.	奏聞侍衛納蘭報告西藏情形摺	雍正二年正月五日	1093	81
67.	奏聞嘉木參堪布屬下人來降摺	雍正二年正月八日	1095	82
68.	奏聞鄂賴密奏西藏事宜摺	雍正二年正月十一日	1108	84
69.	奏聞伊思海談羅卜藏丹津摺	雍正二年正月十九日	1117	85
70.	奏聞額爾德尼額爾克謝恩摺	雍正二年正月十九日	1118	86
71.	奏聞布隆吉爾馬匹情形摺	雍正二年正月十九日	1119	87
72.	奏聞剿滅阿岡部番子摺	雍正二年正月十九日	1120	88
73.	奏聞剿滅郭隆寺等叛賊摺	雍正二年正月十九日	1121	89
74.	奏聞南山厄魯特情形摺	雍正二年正月二十五日	1152	90
75.	奏聞策旺阿拉布坦情形摺	雍正二年正月二十五日	1153	91
76.	奏聞處理侍郎常壽摺	雍正二年二月三日	1177	92
77.	奏聞鄂爾多斯等兵丁抵甘州摺	雍正二年二月三日	1178	93
78.	奏代為恭謝封賞摺	雍正二年二月六日	1193	94

79.	奏聞布隆吉爾增兵摺	雍正二年二月六日	1194	95
80.	奏聞阿拉布坦俄木布來文摺	雍正二年二月八日	1200	96
81.	奏聞岳鍾琪率兵往討摺	雍正二年二月八日	1201	97
82.	奏聞巴噶阿拉布坦來降摺	雍正二年二月八日	1202	98
83.	奏聞大軍迸剿摺	雍正二年二月八日	1203	99
84.	奏聞遵旨嘉獎蔣泂摺	雍正二年二月十二日	1208	100
85.	奏請留任運判摺	雍正二年二月十二日	1209	101
86.	奏聞嘉獎剿滅郭隆寺賊官兵摺	雍正二年二月十二日	1210	102
87.	奏聞三路出兵剿賊摺	雍正二年二月十四日	1218	103
88.	奏聞動用西安庫銀摺	雍正二年二月十九日	1222	104
89.	奏聞剿滅石門寺喇嘛番子摺	雍正二年二月二十三日	1228	105
90.	奏聞岳鍾琪剿賊摺	雍正二年二月二十三日	1229	106
91.	奏代西安按察使謝恩摺	雍正二年二月二十九日	1265	107
92.	奏請由副都統雅圖管種田摺	雍正二年二月二十九日	1266	108
93.	奏聞楚克賴納木扎爾來投摺	雍正二年二月二十九日	1267	109
94.	奏送岳鍾琪敕書印信摺	雍正二年三月一日	1271	110
95.	奏聞巴爾庫爾駝至甘州摺	雍正二年三月一日	1272	111
96.	奏聞追剿羅卜藏丹津摺	雍正二年三月一日	1273	112

97.	奏聞擒獲羅卜藏丹津同黨摺	雍正二年三月三日	1276	113
98.	奏聞招撫唐古特番子摺	雍正二年三月八日	1294	114
99.	奏聞追剿羅卜藏丹津摺	雍正二年三月八日	1295	115
100.	奏請補授知州摺	雍正二年三月十三日	1301	116
101.	奏鄂賴辦理蒙古事務摺	雍正二年三月十三日	1302	117
102.	奏聞阿拉布坦等來降摺	雍正二年三月十三日	1303	118
103.	奏代將軍岳鍾琪謝恩摺	雍正二年三月十八日	1312	119
104.	奏聞扎西朗濟謝恩摺	雍正二年三月十八日	1313	120
105.	奏聞准察罕丹津之子養病摺	雍正二年三月十八日	1314	121
106.	奏聞追剿阿拉布坦等摺	雍正二年三月十八日	1315	122
107.	奏聞巴爾庫爾兵丁駱駝抵西寧摺	雍正二年三月二十二日	1326	123
108.	奏參劾九貝子允禑摺	雍正二年三月二十五日	1328	124
109.	奏聞追殺嘉木參堪布等摺	雍正二年三月二十九日	1341	125
110.	奏聞岳鍾琪班師摺	雍正二年三月二十九日	1342	127
111.	恭請聖主萬安摺	雍正二年四月四日	1354	126
112.	奏聞官兵叩謝天恩摺	雍正二年四月四日	1353	128
113.	奏聞押解賊首往京城摺	雍正二年四月四日	1355	129
114.	奏聞詢問班禪使者摺	雍正二年四月八日	1368	130

115.	奏聞擒獲阿布濟車臣等摺	雍正二年四月八日	1369	131
116.	奏聞遣西安察哈爾兵丁摺	雍正二年四月八日	1370	132
117.	奏聞派兵剿莊涼番賊摺	甩正二年四月八日	1371	133
118.	奏聞補放守備遊擊摺	雍正二年四月十四日	1386	134
119.	奏聞撤回松潘滿洲兵摺	雍正二年四月十五日	1387	135
120.	奏聞揀員調補夔州副將摺	雍正二年四月十八日	1392	137
121.	奏請賞給堅巴爾印信敕書摺	雍正二年四月十八日		136
122.	奏聞達賴喇嘛使者抵西寧摺	雍正二年四月十八日	1393	138
123.	奏聞參劾違法遊擊摺	雍正二年四月二十四日	1408	139
124.	奏聞遣回鄂爾多斯等兵丁摺	雍正二年四月二十四日	1409	140
125.	奏聞剿撫河州邊外番子摺	雍正二年四月二十四日	1410	141
126.	奏聞大同官兵返回摺	雍正二年四月二十四日	1411	142
127.	奏代蘇丹等謝恩摺	雍正二年閏四月一日	1429	143
128.	奏請調補州縣官員摺	雍正二年閏四月十八日	1458	144
129.	奏聞章嘉胡土克圖呼畢爾罕抵西寧摺	雍正二年閏四月十八日	1459	145
130.	奏請動用西寧庫銀摺	雍正二年閏四月十八日	1460	146
131.	奏聞留用隨印章京等摺	雍正二年五月六日	1482	147
132.	奏聞著人署涼州總兵官摺	雍正二年五月十一日	1487	148

133.	奏聞剿撫莊浪等地番子摺	雍正二年五月十一日	1488	149
134.	恭呈青海禁約十二條摺	雍正二年五月十一日	1489	150
135.	奏聞限期剿滅謝爾蘇殘賊摺	雍正二年五月十一日	1490	151
136.	奏請在青海編佐領摺	雍正二年五月十一日	1491	152
137.	奏聞青海人員去留摺	雍正二年五月十二日	1493	153
138.	奏聞遵旨回西安摺	雍正二年五月十二日	1494	154
139.	奏聞由西寧回西安摺	雍正二年五月十二日	1495	155
140.	奏聞擇員代阿爾納摺	雍正二年五月十二日	1496	156
141.	奏命蘇丹署理西安將軍摺	雍正二年五月十二日	1497	157
142.	恭請聖上萬安摺	雍正二年五月十二日	1498	158
143.	奏聞遣回護軍等摺	雍正二年五月十二日	1499	159
144.	奏聞撤回駐防涼州滿洲兵摺	雍正二年五月十二日	1500	160
145.	奏聞噶爾弼代阿爾納摺	雍正二年五月二十二日	1510	161
146.	奏聞遊擊償還錢糧摺	雍正二年六月十五日	1538	162
147.	奏參侍郎扎克丹違法摺	雍正二年六月十五日	1539	163
148.	奏請交侍郎查富餘錢糧摺	雍正二年六月十五日	1540	164
149.	奏聞達賴喇嘛使者前來摺	雍正二年六月二十一日	1548	165
150.	奏請派補知縣摺	雍正二年六月二十一日	1549	166

151.	奏聞羅卜藏丹津情形摺	雍正二年六月二十一日	1550	167
152.	奏聞川陝武官暫緩引見摺	雍正二年六月三十日	1564	168
153.	奏聞剿撫謝爾蘇餘番摺	雍正二年六月三十日	1565	169
154.	恭請聖安摺	雍正二年七月一日	1567 日期作雍正二年七月初三日	170
155.	奏聞紀成斌赴京引見摺	雍正二年七月十八日	1580	171
156.	奏聞封賞康濟鼐拉達克汗摺	雍正二年七月十八日	1581	172
157.	奏聞從布隆吉爾撤兵摺	雍正二年八月五日	1617	173
158.	奏聞剿撫回番摺	雍正二年八月五日	1618	174
159.	奏代為謝恩事	雍正二年八月十五日	1641	175
160.	奏聞追剿羅卜藏丹津摺	雍正二年八月十五日	1642	176
161.	奏恭印上諭分發喇嘛廟摺	雍正二年九月十七日	1703	178
162.	奏請在寧夏駐滿洲兵摺	雍正二年十月十三日	1742	179
163.	奏請額駙阿寶遷移摺	雍正二年十月二十二日	1751	181
164.	奏聞副將陳君患病摺	雍正二年十一月八日	1765	182
165.	奏請補放知縣摺	雍正二年十一月十二日	1768	183
166.	奏聞製造子母炮摺	雍正二年十一月十二日	1769	184
167.	奏聞選補夔州副將摺	雍正二年十一月十四日	1777	185

168.	奏聞押解逆賊前往京城摺	雍正二年十二月二十二日	1835	189
169.	奏聞處理逆賊摺	雍正三年正月十八日	1882	191
170.	奏請邊口要塞建立軍營摺	雍正三年二月一日	1899	195
171.	奏請處理達賴喇嘛之兄摺	雍正三年三月三日	1946	194
172.	奏請撤回駐藏兵丁摺	雍正三年三月三日	1945	200
173.	奏請動用庫銀賞青海人摺	雍三年三月二十一日	1973	202
174.	奏請著康濟鼐等辦理藏事摺	雍正三年四月二日	1979	203
175.	奏請達賴喇嘛之兄事宜摺	雍正三年四月二日	1980	204
176.	奏請青海之人進京摺	雍正三年四月四日	1983	209
177.	奏聞達賴喇嘛遣使摺	無年月	5154	210
178.	奏聞賞賜達賴喇嘛使者摺	無年月		213
179.	奏聞羅卜藏察罕來投摺	無年月		214
180.	奏聞羅卜藏丹津情形摺	無年月		215
181.	奏聞鄂賴等呈報事摺	無年月	5153	209
182.	奏聞策旺阿拉布坦之使摺	無年月		216
183.	奏聞阿拉布坦俄木布等遣使摺	無年月		217
184.	奏聞察罕丹津情形摺	無年月		218
185.	奏聞羅卜藏丹津逃人摺	無年月		219

186.	奏聞丹津渾台吉供詞摺	無年月		220
187.	奏聞達賴嘲嘛來文摺	無年月		221
188.	奏聞盆楚克汪扎爾遣使摺	無年月		222
189.	奏聞擒獲厄魯特賊摺	無年月		223
190.	奏聞盆楚克汪扎爾之弟來投摺	無年月		224
191.	奏聞察罕丹津呈文摺	無年月		225
192.	奏聞察罕丹津妻出邊摺	無年月		226
193.	奏聞消息摺	無年月		227
194.	奏聞逆賊丹津口供摺	無年月		228
195.	奏聞達賴喇嘛之父事摺	無年月		229